封印の昭和史

戦後日本に仕組まれた「歴史の罠」の終焉

小室直樹
渡部昇一

徳間書店

——これは、日本国の昭和「正史」である——

対談のまえに

小室直樹

渡部昇一氏は、左翼全盛、進歩的文化人全盛の時代を通じて、一貫して東京裁判史観を徹底して批判し続けてきた。日本だけが悪いことをしてきた、日本の歴史は汚辱の歴史であるとする東京裁判史観教育がいかにおそろしいものであるか。その効果が確実に出はじめた。

細川内閣以来、日本政府は自動的に外国に頭を下げる「謝り人形」になってしまったようだ。「戦後五〇年決議」（正式には、『歴史を教訓に平和への決意を新たにする決議』というらしいが）がその最たるもの。「わが国は侵略国だ」なんて決議する国会がどこにあるものか。こんな摩訶《まか》不思議な政治家が輩出するようになったのも、学校教育、マスコミの社会《ソーシャライゼーション》化における「東京裁判史観」でマインド・コントロールされてきたからである。

事後法による東京裁判を正当化するために「人道の罪」をつくり、捏造《ねつぞう》されたのが「南京大虐殺」。昭和一二年、日本軍が南京を占領したときに三〇万人以上の中国人を大虐殺したというのである。

元来「大虐殺」という思想のない日本人には、驚天動地の大鉄槌《てっつい》であった。正義の日本軍のカリスマは消え、「地獄の恐怖」にでもおどされたかのように、日本国中が一種のカルト教団化した。

その一つの症候が、「萬犬虚に吠えた教科書問題」であった。一九八三年七月二六日、中国政府が、「日本の文部省は、歴史教科書検定において歴史の改竄《かいざん》をおこなっている」と抗議してきた。「侵略→進出」書き直し問題である。

このときの日本政府、マスコミの反応は特筆大書し、今も研究の価値がある。すでに、カルト教団の症候まる出しなのである。

大新聞やテレビやラジオが、中国の抗議にとびついた。いつものように、揃って「侵略→進出」の書き換えの非を鳴らした。

渡部昇一氏は、文部省検定によって「侵略」を「進出」に直させた事実はないことを強調した。まさに誤報である。同氏はさらに、タテ二センチもある大活字を並べて誤報をした朝日新聞に一四カ条の公開質問状を突きつけた。

朝日新聞は答えなかった。

政府は。

文部省は中国の抗議が事実にもとづかない（「侵略」を「進出」と直させられた教科書は一

つもない）ことを知っていたし、小川文相（当時）もそのように議会で答弁した。

正式の外交ルートによって日本の内政問題の具体的変更を要求してきたことは、もちろん、内政干渉である。外務省はこのことを知っていた筈《はず》であった。

それなのに、日本政府は中国の抗議に屈した。宮沢官房長官（当時）は善処するむね中国側に答えたのであった。

正史の悪質な改造をしてまで内政干渉に屈し世界に面目を失った一周忌に書かれた渡部氏の論文「教科書問題・国辱の一周忌」（『諸君』一九八三年一〇月号。二四〜四三頁）は、戦後ジャーナリズムの白眉である。アメリカ人ならば、これを「リーディングズ」に所収し正史を学ぶ学生のために後世に残したことであろう。

その一周忌に日本政府は何をやったか。去年の空騒ぎ《マッチ・アドウ・アバウト・ナッシング》（Much ado about nothing）におそれをなした日本政府は、日本の教科書を北京やソウルの役人に事前検閲をしてもらうことにしたのである（同　二七頁）。その前例を作ったのであった。

国際法は慣習法である。

外国の内政干渉（教育や教科書はどこの国でも内政問題である）を自ら慣習化して受け入れることは何を意味するか。

日本が当該《とうがい》外国の属国になったことを意味する。

刑法八一条には、日本に外国の軍隊を導入した者を死刑に処す、とある。無期もなにもない。ズバリ死刑である（【外患誘致】外国ニ通謀シテ日本国ニ対シ武力ヲ行使スルニ至ラシメタル者ハ死刑ニ処ス）。

対談者は、日本を外国の属国にした者を死刑にする条文のないことを憾《うら》む。

日本の文部省がやる教科書検定（検閲でない）に対してすら目に角を立てて噛みつく日本の大新聞が、外国政府による検閲については一向に問題にする様子がないのだ（同　二七〜二八頁）。それは、「記者魂を何者かに売り渡している」からである。

そのために、日本を不当差別する二重基準《ダブル・スタンダード》を作ってしまった。全く同じことをしても、日本（ときにはアメリカも）は何でも悪く、共産主義諸国（当時）は何でも良いと表現し評価する二重基準である。

後世の人は、まさか、と思うであろう。そのためにも、渡部氏の前掲論文を「リーディングズ」に入れておく必要がある。今なら、右のような政治家、マスコミが跳梁跋扈した世を知る人も生息している。

渡部氏は、歴史の改竄をやってのけるマスコミを「組織化された犯罪行為《オーガナイズド・クライム》」と呼んだ。

対談者はこれに追随する政治家、役人を組織化された偽善者《オーガナイズド・ハイポクラッシャー》（これ、英国最大の宰相といわれるディズレーリが保守党を呼んだ言葉である）と呼びたい。

それにしても、二重基準こそは規範《ノルム》の破壊である。

済南事件や通州事件のごとく、日本人非戦闘員がシナ人によって虐殺された例はすこぶる多い。

ソ連軍が条約を破って軍事力を行使して侵入（これが「侵略」であることは国際法学者の意見が一致している）し、日本人の捕虜としての権利も認めず、暴行、掠奪、殺人をほしいままにして、そのうえ数十万の同胞をシベリアに連行してそこで多数を凍死、餓死、病死せしめた。

そのことを、なぜ教科書に書かないのか（同　三五頁）。

渡部氏は、「現行の教科書は、共産党から社会党左派の路線」であることを強調する（同右）。

これが一九八三年の話である。

その後、ソ連は消え、マルキシズムは否定された。

社会党は自民党に「集団入党」し、イデオロギーも基本政策も捨てた。進歩的文化人は退嬰《たいえい》的野蛮人にでも変身したか、鳴りをひそめた。

しかし、彼らの転向は本気か。マルキストは本当にころんだのか。今までの誤りを反省しているのか。

その試金石が、東京裁判とその中心テーマである「南京大虐殺」である。

東京裁判のための「人道の罪」を創作するために捏造された「南京大虐殺」であったが、それに共鳴し増幅し喧伝したのは、日本のジャーナリストと「学者」であった。

「南京大虐殺なんかなかった」「あり得ない」という真摯《しんし》な研究は、早い時期からあらわれてはいた。

しかし、「記者魂を何者かに売り渡していた」ジャーナリストと、歴史無知な「学者」の喧《けん》噪《そう》のたわごとに消されて、世人の耳目に達しないことが多かった。

この間、不断に操觚《そうこ》して真実を明らかにしようとしてきた渡部昇一氏こそ、これ社会の木鐸《ぼくたく》である。

今や「南京大虐殺」が東京裁判のために偽造された虚構であることは、確実な資料によって証明された。

このことは、本文における対談で詳論することにして、渡部氏が常に引証する証明法を一つだけここに掲げておく。

東京裁判における最重要証人たるマギー牧師の証言である。

マギー牧師は南京における膨大な殺人、強盗、強姦、暴行、累々《るいるい》たる死屍……について見てきたような証言をした。彼は、東京裁判の立役者。

ブルックス弁護人は、「殺人行為の現行犯をあなた自身はどのくらいごらんになりました」

と反対訊問《じんもん》した。

答えは、一件。

あとはみんな、伝聞《でんぶん》。あるいは想像、創作であった。

歩哨《ほしょう》が誰何《すいか》して逃亡した人を射殺するのは殺人ではない。死刑執行人が殺人でないのと同様である。これまったく合法な戦闘行為。「南京大虐殺」（があったとする）論者は、これまで「殺人」とするのである。

他も推して知るべし。

渡部氏の努力が実って「東京裁判」「南京事件」の虚妄性、教育の欺瞞《ぎまん》性は明らかになった。本対談の目的は、これをひろく世に知らしむることにある。


平成七年（一九九五年）七月吉日　旧李王邸　赤坂プリンスホテルにて

小室直樹

〔付記〕

対談の中で、「シナ」と「中国」は区別して用いた。中国は中華人民共和国や中華民国の略称としてのみ正当と言うべきであり、地理的、文化的概念としては用いることはできない。地理的概念、あるいは古代以来の文化的概念を指す場合は、「シナ」（英語のチャイナ）を用いることが正当であると、私は考える。中国という言葉の背景には、外国を夷狄戎蛮《いてきじゅうばん》と見なし、自らを高いものとする外国蔑視がある。

また、コリアという用語は、現在の北朝鮮、大韓民国の双方を含んで呼ぶ場合や、朝鮮半島を地理的概念として呼ぶ場合に用いている。

渡部昇一

〔編集部注〕

本書は、一九九五年八月に徳間書店より刊行された『封印の昭和史――［戦後五〇年］自虐の終焉』の新装版です。

知の巨人と評される小室直樹氏と渡部昇一氏の対談を核にした本書は、日本の歴史は汚辱の歴史であるとする戦後の学校教育、マスコミによる「東京裁判史観」がいかに出鱈目であるか、歴史的資料をもとに徹底的に論破しています。昭和も終わり、平成、令和の時代と移り変わりましたが、いまだ日本は「戦後体制」から脱却していません。むしろ歴史をめぐる内外での論争は激しさを増しています。同時に、中国の大国化と覇権国アメリカの弱体化、イギリスのＥＵ離脱、脱グローバル化など、戦後の世界秩序の大転換期を迎えています。

いま、日本人にとって、自らの歴史、とりわけ戦前・戦後を見直すことが急務だと考えます。そこで、戦後体制の土台となってきた「東京裁判史観」の実態を明かし、封印されてきた歴史の真実を改めて世に問おうというのが、本書を新装版として復刊した狙いです。

なお、著者のお二人は鬼籍に入られているので、内容は刊行当時のまま手を加えていませんが、読者の理解のために必要と思われる箇所には、編集部による注を〔　〕で入れています。

封印の昭和史——目次

第二章　東京裁判史観を払拭せよ　161

カルト教団の信者は、学校で日本人は人殺しだと教わっていた／日中戦争の頃のアメリカは、まだゲリラの恐さというものを本当には知らなかった／小野田さんは、たった一人でもきちんとした軍隊／軍隊の条件を満たさずに武器を持っているのは、強盗、海賊、夜盗に等しい／降伏だって、そんなに簡単には認めてもらえない／戦争が終わってから日本人捕虜が大量に殺された／日本人捕虜に対して違法行為を行った連合国側／天安門事件のとき、「日本人だってこんなことはしなかった」という声があがった／「虐殺」の命令を下したとは、立証できなかった／原爆投下の犯罪性を主張したアメリカ人弁護人もいた／インド、フランス、オランダ、フィリピン、オーストラリアの判事が、東京裁判は無茶苦茶だと言った／朝鮮戦争によって、アメリカは日本の立場を理解することができた／マッカーサーも、「東京裁判は間違いであった」と議会証言している／日本を責めることが、国益、私益になる人たちがいる／「転びマルクス」「隠れマルクス」はまだいくらでもいる／昭和史を語る資格を考えなければならない

朝鮮半島におもねるべきではない

カルト教団事件は空前絶後の犯罪ではない／韓国併合を必要とさせたのは韓国のほう

第四章　戦前・戦中・戦後――何が正しく、何が間違っていたか

軍部大臣現役武官制度を改正しなければ引き返せた／死刑が当然であったのは広田弘毅ぐらいである／国際連盟の決議後、英仏は日本をなだめにかかっていた／国際連盟を脱退する必要などまるでなかった

日中戦争初期 289

蔣介石はある程度日本を認めていた／英米ソが蔣介石を、日本が汪兆銘を応援／汪兆銘の南京政府と日本は講和を結んだ／「国民を苦しめてはならない」と汪兆銘は警告していた／南京政府との講和後、さっと引き上げればよかった／その深いお気持ちゆえに、昭和天皇は最後まで「謝罪」されなかった

ゼロ戦の出撃がもっと早ければ 299

シナ事変の初期にゼロ戦が出動していれば／「重慶上空敵影を見ず」より四年間、天下無敵であったゼロ戦／戦争のぎりぎりのところでも、陸軍は国の利益よりも陸軍の利益を優先させていた／東条英機首相は、陸軍大将・参謀総長でありながら、陸軍を抑えきれなかった

ノモンハン事件 304

相手が完全に力を失うのを待ってから攻めるロシア方式／ノモンハン一帯でソ連の戦車が炎々と燃え続ける／第七師団には襲いかからなかったソ連軍／ノモンハン事件の状況がよく分かっていれば、日独伊三国同盟は結ばなかったに違いない／ノモンハン事件においては、日本航空隊は圧勝していた／地上軍を空から撃つなど、軍人としてできない／輸送船など相手にしない／中央の責任を現場に押しつける陸軍の悪い体質が、すでに見えはじめていた

ハル・ノート 314

「ハル・ノート」には、いつまでにという規定がなかった／開戦直前における駐米日本大使館はダレきっていた／最後通牒が遅れたのは日本大使館の責任／国に多大な損害を与えた人を許してはいけない

ミッドウェー海戦 320

芸者に「今度はミッドウェーですってね」と言われるくらいの油断／決死の覚悟で、戦艦を先頭にたてていれば勝てた／ハワイを日本の不沈空母にすることもできたかも

第五章　新たなる出発《たびだち》のために　335

なかった／主だった海戦を比較すれば、日本人の長所と欠点が非常によく分かる／大学に戦争研究の講座があってもおかしくはない／将来軍事に結びつきそうな科学的な基礎研究も大切／教練の実習は、まったく面白くなかった／教練に感激して軍国少年になった者などいない／都合の悪いことは隠すという日本軍の悪い癖／なぜ「石見人森林太郎トシテ死セント欲ス」なのか／若い人をすくすくと育てるためには

装幀　川畑博昭

第一章

汚染された昭和史

今こそ歴史を正すとき

小室直樹

日本人は歴史に誇りがもてなくなってしまった。そのために日本人としての連帯を失ってアノミー（anomie：無連帯）が日本のすみずみにまで蔓延《まんえん》してきました。

細川（護熙）内閣［一九九三―九四］あたりから、日本政府は何かというと謝ってしまうくせがついてしまいました。条件反射的にペコリ。日本の歴史は罪の歴史である。日本は過去に悪いことばかりしてきた。

その教育効果があらわれてきたのです。

日本は人殺し国家である。そうとばかり教えられて育ってきたんですから何だか「人を殺さないと何かこう後ろめたい」というコムプレクスが沈んでいる。まじめな、おとなしい従順な秀才ほどそうなんです。だから、サリンをまいて人を殺せと命ぜられれば条件反射的にやってしまう。自動販売機のようにやってしまう。アノミーで無規範なんですから、よいも悪いもありません。

エリート・コースにのった秀才が、人柄もいいのになんであんなことを、なんて呆《あき》れたってはじまりません。「理解に苦しむ」のではなくて当然の結果です。「世界でいちばん安全な日本が世界でいちばん危険な国になった」と外国のテロ専門家も驚いていますが、なに、驚くにあたりません。じわじわと日本人の心の奥底に染み込んでいった教育効果がズバリあらわれたのですから。

日本の歴史は人殺しの歴史である、と。そんなことを日本の教科書は教えてきたのです。

その最たるものが南京事件です。

南京事件。「南京大虐殺」といわれることもあります。

昭和一二年（一九三七年）、日本軍が南京を占領したとき、三〇万人の中国人を大虐殺した、と。東京裁判が始まったとき、米占領軍の意をうけて、NHKはじめ日本のマスコミは大宣伝しました。

そのときの印象があまりにも強烈だったのか、南京大虐殺はやはりあったのだという気になった人が多いようです。

いや、その後、日本の「ジャーナリスト」や「学者」で、「南京大虐殺」を掘り返し蒸《む》し返して、これは本当だとふれまわった輩《やから》が続出しました。

教科書にも書かれました。

そのために、今でも、多くの人は、「南京大虐殺」は、本当にあったのだと信じています。

日本人は、欧米人よりも中国人よりも、はるかに大虐殺を嫌います。欧米ですと「ヨシュア記」のジェノサイド物語。子供用の『バイブル』にも、そのままちゃんとのっています。子供のために書き換えた《パラフレイズド》『リヴィングバイブル』（「ミリオンセラー」といわれるほどまでによく売れたのでしたが）ここにちゃんと、ジェノサイドが明記してあります。パレスチナでイスラエルの民が、三一の異民族を、女も男も、あかちゃんからヨボヨボの老人まで、一人のこらず皆殺しにしたと、くわしく書いてあります。中国の正史（政府が編集した正式の歴史書）にも、何十万人の人を皆殺しにしたストーリー、ずいぶん出てきます。軍隊は大掠奪《りゃくだつ》するのが普通だということも分かってきます。

日本人は大殺戮《さつりく》をする習慣はありません。信長だって少ないものでしょう。多くて二万人くらいですから。大虐殺ストーリーなんて、お経にも出てきませんし、神父も牧師も「ヨシュア記」の講義はしません。日本的センスには、あまりにも抵抗が大きすぎると感ずるからです。

子供の頃から「大虐殺」なんかに常に接している欧米人、中国人。

そんなこと聞いたこともない日本人。

このちがいこそ途方もなく《ウンゲホイエルリッヒ》大きいのです。

その日本人が「日本軍が大虐殺」をやったのだと聞かされる。そのショックたるや、言いようにないほど大きいにきまっています。青天の霹靂《へきれき》どころではありません。青天の暴風雨と言ったって足りますまい。

人生観が変わる。いや、発育中にそんなこと聞いたら、そのように人生観が作られてしまいます。

日本の歴史は恥ずべき歴史である。日本は人殺し国である。そんな日本人であることが恥ずかしい。

日本人であることに誇りがもてませんから連帯が失われます。アノミーが日本中に瀰漫《びまん》（広がりはびこる）します。規範《ノルム》も秩序もどんなルールも失われて、無目的、無差別になります。はしなくも、カルト教団が無差別殺人でこのことを立証《デモンストレイト》してくれましたが。

日本国中、アノミーで押し流されそうです。

若者だけではありません。

政治家、役人、学者、ジャーナリスト……みんなそうです。

公党たる社会党が、幾年《いくとせ》ここに掲げてきた根本政策を弊履《へいり》のように棄てて自民党に「集団入党」する。大臣になるためだったら公約なんか何のその。社会党代議士は、このまえの総選挙で、反自民をかかげて当選したのですぞ。有権者の皆様、ここをお忘れなく〔一九九四～九八年、自社さ連立政権」。

もっと驚くべきことに、学者もジャーナリストもマスコミも、この「デモクラシー」の死に平気の平左。

戦後半世紀なんていっても、日本の教育は「デモクラシーとは何か」、その初歩の入門の手ほどきすら教えてないいんですから。

政治家は公約を守る。これが、デモクラシーが生きているための条件です。

政治家だけではありません。役人も重症のアノミー。何のモラルも規範もありません。「銀行を潰さない」という勝手に決めた至上命令のためなら、モラル・ハザード（moral hazard：倫理の危機）も何のその。アメリカでは、不始末をしでかして経営危機になった銀行は潰します。そんな銀行を救済すると無責任を不問に付すことになり、モラル・ハザードのため市場機構が動かなくなるからです。

日本の役人、大蔵省、日銀の役人たるや何たることですか。

犯罪的取引で破綻した二信組を公金を使ってまで救済しようとする。

ここまでくると、モラル・ハザードなんていうものではありません。

モラル・タービテュード（moral turpitude：倫理の破滅）ではありませんか。これこそ、世界中が呆れはてています。

こんなことですから、東京がアジアの金融中心になるなんていうことは昔の夢。今では、金融資本は、続々とシンガポール、香港へと移動しています。モラル・ターピテュードの国になんかお金を置いとけませんものね。

想い起こしてみると、いまの大蔵省、日銀などで働きざかりのお役人、「南京大虐殺」はあったと学校で教えられ、マスコミで社会化《ソシャライゼーション》されてきた人びとです。「日本は殺人国家である」と。

日本の高級官僚。今でも、日本との連帯意識は強いのです。ここから、ノブレス・オブリッジ（優者の責任）が出てきます。特権意識をもつが、責任感はつよく献身的であります。しかし、無意識の底では、「日本は殺人国家である」という汚辱感がコムプレクスとなって蠢動《しゅんどう》（うごめいている）しているものですから、国家との連帯がきわどいところでプッンと切れる。これがアノミーを生んでモラル・ターピテュードまで行きつくことになる。

げにおそろしきはアノミーかな。

自社連立政権の成立後は、もう、日本は何がなにやら分からなくなってしまった。何が起きても驚かなくなった、と歎じた人がいました。

それはそうですとも。

自社連立、金融破綻処理（二信組問題）……カルト教団によるサリン殺人事件［一九九五年］

と、アノミーの端的な露呈を示す事件がつぎつぎと起きてきました。

このアノミーを生んだ根源は何か。

日本は殺人国家であるとして日本歴史は汚辱であると教えてきた教育、このテーマを増幅してきたマルキスト、進歩的文化人にあります。

いま歴史を正さなければ、日本の運命は旦夕《たんせき》にせまっています［事態がさしせまっている］。

とくに「南京事件は嘘である」、「東京裁判で捏造《ねつぞう》され、日本歴史を悪意ある行為で歪曲《わいきょく》されたものである」。

まず、このことから明らかにしなければならないと思います。

「不戦・謝罪決議」をしてはならなかった

「戦後五〇年決議」において「南京大虐殺」に触れなかったのは、そのような事実がなかったから――渡部

『東京裁判　却下・未提出辯護側資料』（全八巻）が、九五年春についに出版されました。これは百科事典並みの、質量ともにじつに堂々たるものであり、貴重な資料集です。

東京裁判とは、戦勝国が敗戦国を裁くという「やってはならないこと」をやったものであり、裁判とは名ばかりで、戦勝国たる連合国にとって不利な証拠は一切却下してしまうというじつにひどい「裁判」でした。そのため、却下された資料、それにどうせ却下されるからと提出されなかった資料が、膨大なものになりました。

そうしたときに、「連合国にとって都合が悪かったので使われなかったものの資料は資料だし、すでに日本は裁かれてしまっていまは何の役にもたたないけれど、資料だけは取っておこ

う」という偉い人があらわれて、きちっと整理され、法務省の地下倉庫あたりに保管されました。それが今回、東大名誉教授の小堀桂一郎氏らの大変な努力によって、全八巻の立派な全集としてすべて刊行されたのです。

小堀教授から伺ったところによると、資料を借り出してまずやったのは、とにかくコピーを全部取ることだったそうです。借り出してやっていることが誰かに知れると、どこからどういう邪魔が入るか分からないから、とにかく急いですべてコピーを取って、それから作業に入ることにしたため、そのコピーが何万枚にもなったそうですから、これは大変なものです。

また、証拠の中に紙質が悪かったりして読めない箇所が出てくると、丹念に再び全部原本に当たって校訂したそうです。とにかく、学術的な資料として動かないものにしようと、たいへんな意気込みで整理されたようです。それが奇しくも戦後五〇年の今年、堂々たる形で出版されました。もうこれなくしては昭和史は語れないと言えるでしょう。少なくとも東京裁判が取り扱った時代については、絶対に語ってはいけないと言えます。

それから、以前に偕行社が『南京戦史』という本を出版しています。『南京戦史』はひじょうに良心的に作った本ではあるのですが、残念なことに南京で殺されたシナ人が一体どのような人たちであり、どのような事情で殺されたのかということについては、詳しく調べていません。つまり、殺されたのが民間人（非戦闘員）であったのか、正規の戦闘員（戦闘服を着用した国軍将兵）だったのか、便衣隊（日中戦争時に便衣＝ふだん着姿で日本の占領地に潜入し、後方攪乱を行ったシナ人部隊）だったのか、また投降者が騒いだから殺してしまったのか、というようなことが分からないわけです。

九五年六月に、国論が二分されていることがあらわになるという最悪のかたちで、「戦後五〇年決議」が衆議院のみを通過しましたが、さすがに誰も南京の「な」の字も出しませんでした。なぜならば、出したとたんに徹底的な反論にあい、その欺瞞がばれてしまうからです。当初は「不戦決議」と呼ばれていたものが、「戦後五〇年決議」というようにトーンダウンしてしまったのですが、それでも衆院で決議をさせてしまったということは、日本という国に対してきわめて犯罪的です。同時にそれは逆説的な効果もありました。そのような決議をしようということを言い出しさえしなければ、「『謝罪』などすべきではない」という良識が、これほどにまで多く日本のなかに伏在していたということが明らかにならずに済んだからです。

社会党を中心とする戦後の左翼勢力は、日本の保守政権を転覆させてソ連や中国のような左翼政権を樹立しようとしてきました。そのため、日本の保守政権にとって不利なこと、嫌がることはすべて行ってきたといっても過言ではありません。政党間で議論を尽くし戦うことは当然のことですが、問題なのは、「日本の保守政権にとって不利なこと」と「日本にとって不利なこと」の見境がつかなくなったことです。「日本の保守政権にとって不利なこと」でありさえすれば、たとえ「日本にとって不利なこと」であると分かっていても力の限り徹底的にやる、という体質が日本の社会党を中心とする左翼勢力の最大の問題点であったわけです。

その最大の欠点を集大成したのが、今回の「戦後五〇年決議」です。権謀術数により与党入りすることになった社会党は、そうして旧来の左翼としての「良心」を内外に示そうとしたのでしょうが、結果は天に唾することになりました。

その「不戦・謝罪決議」を目指した「戦後五〇年決議」において、もしも「南京大虐殺」について触れようものなら、すかさず次のように反問しようと、私は呼びかけていました。

「戦争中に敵の将兵をやっつけることは当然のことですから、虐殺と言うからには、あくまでも市民の殺戮が問題にされるべきです。そこで伺うのですが、あなたはいったい何人の普通の市民が殺されたと認識しておられるのですか」

この質問にきちっと答えられる人はいないはずです。なぜならば、そのような事実はほとんどないからです。首都陥落の際の常識的被害だったと言えます。それでもなお、無理矢理に「何十万人だ」というように答える人がいたなら、「それはどのような資料で確かめられますか」と問えばよい。そうすれば、おそらく誰も答えられないでしょう。たとえ朝日新聞であっても同じです。もしも「南京大虐殺」について書いたなら、すぐに公開質問状を出して、今度こそははっきりとさせようと思っていたのに、朝日は出しませんでした。

「かもしれない」などということで大虐殺を論じるなどべらぼうだ——小室

南京で日本軍が三〇万人もの民間人を大虐殺した、などということはありえません。歴史学者であるにもかかわらず、そのようなことを言っている人こそ、まず最初に大虐殺したいほどです（笑い）。それほどまでに非良心的な学者は、生かしておく値打ちはありません。

今回の「戦後五〇年決議」は、じつにいい加減なものですが、渡部先生などの努力によって具体的に南京大虐殺などと言わなかったことは何よりの救いです。それから、南京事件を調べて立派な研究書を発表した人は職業的歴史家ではないんですけれど、実に綿密によくやっている。しかしただ一つ問題なのは、これだけの研究が出ているのに今までほとんど影響力がなく、つまらん「学者」が書いたことなどが影響力があるという点です。

南京大虐殺がおかしいなということはもう何十年も前から言われていたことです。けれども、そういうことを言っても相手にされなかったわけです。その原因はテレビにあると、渡部さんは指摘されました。「今の人たちは活字よりもテレビのほうにメンタリティとしてクレジビリティ（credibility：信頼性）を置く。そのテレビにおいて、日本軍が虐殺したかのような嘘を流し続けてきた」と。

それは事実であり、たしかにテレビのディレクターも責任重大ですが、やっぱり一番責任があるのは学者ではないでしょうか。学者がデータを曲げて読んで発言をしても、ことさら何か言われるということはない。日本の歴史学科はデータの読み方のトレーニングもやっていないということならば、それは大問題です。

学者がそうである反面、素人の人が一所懸命に「南京大虐殺」はないと書いている本は、「そうである」「間違いない」という口調ではっきりと書いている（田中正明『南京事件の総括』謙光社　昭和六二年。富士信夫『「南京大虐殺」はこうして作られた』展転社　平成七年。阿羅健一『聞き書　南京事件』図書出版社　昭和六二年。前川三郎『真説・南京攻防戦』近代文芸社　平成六年。これらの著作はぜひ一読をお薦めします）。キチンとしたデータがあればそれは当然のことなのですが、素人の人のほうが遥かに歴史家として優れているということが言えます。

そこで思い出されるのが**徳富蘇峰**《とくとみそほう》です。徳富蘇峰は、歴史全体に対する見方や解釈に関して天才的イマジネーションを持っていた素晴らしい人です。さらに彼は、資料の集め方、整理の仕方も抜群です。それに対して、目の前にあるものを何でも資料とみなし、資料の読み方も分からないような「学者」は、最低の歴史家とも呼べない。そんなのは歴史家とは言えません。ところが、南京大虐殺について書いている人は、みなその部類に入る人たちです。それでちょっぴり良心のある人は、「そうと思われる」「かもしれない」なんて書く。「かもしれない」なんてことで大虐殺を論じるなど、そんなべらぼうなことがありますか。

〈徳富蘇峰〉（一八六三〜一九五七）明治・大正・昭和期の言論人。本名・猪一郎。徳冨蘆花の兄。八七年、民友社を結成し、雑誌『国民之友』を創刊。九〇年、『国民新聞』を創刊し、進歩的平民主義に立脚したジャーナリストとして知られる。その後、貴族院議員となるも、一三年に政界引退。以後評論家として活躍し、第二次大戦下の言論・思想界の一方の雄として重きを成した。

国会が日本の名誉を汚してしまった――小室

あの「戦後五〇年国会決議」は言語道断とも、如何《いか》なるコミュニケーションを断つとも、何とも言いようもありません。

「……我が国が過去に行ったこうした行為（侵略的行為）……」を深く反省するとはなにごとですか。

侵略の定義は未《ま》だありません。しかも、「侵略」という用語《ターム》は、このうえなくイメージが悪いのです。

ゆえに、右決議は、正確には何も言っていないのと同じことながら、最低の罵詈雑言《ばりぞうごん》をわが国に浴びせたことになります。

こんな国会決議ってありますか。何も言っていないんですから反省したことにはなりません。それなのに、日本国に対するたいへんな侮辱です。名誉毀損です。日本の国会は、こういう決議をしたのでした。

借問《しゃくもん》す。代議士諸君よ。

諸君が侮辱されたらどうする。名誉毀損されたらどうする。

果たし合いを申し込む。決闘を申し込む。

決闘で死んだ人もずいぶんいました。

ガロアだとか**ラサール**だとか。アメリカの副大統領にもいました。

しかし、いま決闘するなんて人はいないでしょう。

でも、国権の最高機関の代議士諸君なら、国の名誉を汚す者には決闘を申し込むくらいの気迫がなければ。

その国権の最高機関が、日本の名誉を、この上なく汚してしまったのだから。

自分が自分に決闘を申し込むか。歌舞伎《かぶき》のように二役を演ずるか。それとも、三島由紀夫のように切腹をするか。

どうします。

法にうったえる。

刑法第二三〇条に名誉毀損罪があります。代議士諸君個人の名誉が毀損された場合にはこれを使うか。

公的機関の責任を問うひとつの方法は、納税者訴訟（Taxpayer's suit）です。

有名なのは、ラッセル裁判です。一九四〇年、バートランド・ラッセルが、ニューヨーク市立大学の哲学教授に任命されました。一市民がラッセルは無神論者であるという理由で任命取消の納税者訴訟を起こしました。判決は、反道徳的学説を理由に任命取消でした。「戦後五〇年国会決議」は、著しく国の名誉を毀損するものとして、納税者訴訟を起こしましょうか。

これほどまでの無法でも「戦後五〇年決議」においてすら、「南京事件」には一言もふれていません。

これだけでも、勝負あったり、こんどこそはっきりしたわけです。南京大虐殺なんかなかったことを示唆しています。

それにしても、着実な研究をつみ重ねてここまでもってきた人びと、狂瀾《きょうらん》を既倒《きとう》に廻《めぐ》らした人びとの努力には感謝にたえません。


〈ガロア〉（一八一一〜一八三二）　フランスの数学者。一七歳にして、代数方程式のべき根（累乗根）による可解性の問題を解き、「ガロア群理論」の創始者となる。熱烈な共和主義者でもあり、二度の投獄の後、恋愛がもとで（政治的陰謀とも）決闘、わずか二一歳で落命した。

〈ラサール〉（一八二五〜一八六四）ドイツの労働運動・社会主義運動の指導者。四八年、三月革命に参加し、投獄。同年、マルクスとも接するが、後年思想的には距離をおく。労働者階級の国家補助による生産組合、普選法の獲得などを主張。六三年、プロイセンを中心とする全ドイツ労働者同盟を創立。六四年、恋愛事件により決闘。重傷を負い、死亡する。

そもそも「侵略」とは何か――小室

ここで、「侵略」の定義についてコメントをひとつ。

国際法を一瞥《いちべつ》して印象的なことは、「侵略」について語られることの何と多く、それでいて、正確な概念規定がどこにもない、ということです。「侵略」を定義することは、難問中の難問であり、今でも未解決です。「侵略」を口にするときには、このことをしっかりと念頭に入れておかなければなりません。

それにつけても、代議士どもの無知、無責任さよ。これほどの難物「侵略」について正式に国会決議しようというのに、専門委員会も作らず、十分に証人も呼ばないとは。もってのほかと言わざるを得ません。

第一次世界大戦以前には、侵略戦争とその他の戦争の区別はありませんでした。戦争は戦争。第一次世界大戦の惨禍があまりにも大きかったので、もう戦争はしたくない。戦争をしないために戦争違法化の潮流が起きました。

一九二七年九月二四日、国際連盟は、第八総会で、すべての侵略戦争を禁止しました。

一九二八年八月二七日には、米国務長官ケロッグと仏外務大臣ブリアンとのあいだで、不戦条約（戦争放棄に関する条約）が結ばれました。この条約は、ケロッグ・ブリアン条約と呼ばれ、国権の発動たる戦争を禁止し、国際紛争を解決する手段としての戦争を放棄したのです。

日本国憲法第九条は、文章までそっくり、このケロッグ・ブリアン条約を利用したものです。

ケロッグ・ブリアンの不戦条約には、大多数の国々が参加しました。

この際のアメリカの態度は、注意するべきです。アメリカなどは、自衛権を留保しました。

国際連盟は戦争を禁止した。とくに侵略戦争を禁止したとはいっても、あまり実効性はありませんでした。侵略戦争とその他の戦争の区別も明確にされたわけでもありません。

国際連盟（The League of Nations）は、小さな紛争は、戦争にまで至らせずに消し止めました。例えば、ヴィルナの紛争（一九二〇年）、コルフ島の紛争（一九二三年）、モスール島の紛争（一九二四年）などは、連盟の調停によって解決しました。

が、大国がかかわった戦争となると、全くお手上げでした。

満洲事変（昭和六年＝一九三一年）のとき、何とか調停しようと、いろいろ試みましたが無駄でした。

日本軍の満鉄（南満洲鉄道）付属地への期限付き撤兵に関する理事会決議案は、賛成一三、反対は日本だけでした。が、当時日本は常任理事国でしたので否決となりました。

総会では、四二対一でした。

日本は、連盟で孤立しました。

しかし、ここで思い出しておくべき重要なことは。

日本は侵略国であると宣言されなかったことです。

このことを念頭に入れておかないと、議論がナンセンスになります。

一九三五年、イタリア軍はエチオピアに侵入しました。

国際連盟は、イタリアを侵略国と宣言しました。また、経済的制裁を開始しました。しかし、
満洲事変にさいしては、日本にいかなる制裁も発動されてはいません。

一九三九年、ソ連軍はフィンランドに侵入しました。ソ連は侵略国として除名されました。

国際連盟は、侵略を非合法として禁止しました。しかし、何が「侵略」にあたるのかを定義したわけではありません。では、尻抜けかというと、宣言や制裁によって、これは侵略、あれは侵略でないと判別したのでした。

中国は、対日経済制裁の発動を要求しましたが、相手にする国はありませんでした。

国際連盟は、満洲事変、上海事変は侵略ではないと規定しました。

これに対し、イタリアのエチオピア侵攻、ソ連のフィンランド侵攻は侵略と規定したのでした。

東京裁判では満洲事変からを「侵略戦争」とし、これをうけた進歩的文化人の妄言にまどわされたためか、そのように信じ込んでいる人びとも多いので、右の事変を思い出しておく必要もあると思うのです。とくに、代議士諸君は。

アメリカは、自分が作った国際連盟に加入していませんでした。

が、満洲事変をめぐって、オブザーバーとして呼ばれました。

スチムソン国務長官は、軍事力による現状変更の合法性を承認しないというスチムソン・ドクトリンを発表して日本に警告しようとしました。

対日最強硬派のスチムソンすら、不戦条約と九カ国条約（中国の領土保全を九カ国で約束した一九二二年の条約）を根拠とする「警告」なのですぞ。念のため。日本を侵略国だから制裁しろなんて一言もにおわしてはいません。

このスチムソン通信に対してすら、イギリスは冷淡でした。フランスとイタリアもイギリスに追従しました。

これらのことも思い出しておく必要があります。

イギリスは、イタリアのエチオピア侵略のときには、クレタ島に大艦隊を集結させて、軍事制裁すら辞《じ》さない構えでした。連盟は経済制裁を実施したのでしたが、アメリカが石油で、ドイツが石炭で制裁破りをしましたので実効性はありませんでした。

ソ連のフィンランド侵略のときには、国際連盟は、ソ連を侵略者として除名しました。

それだけではありません。「侵略」にしてもこれは、性《たち》がわるすぎます。英仏は軍事制裁を決意したのでした。

そのための軍事的準備も整えて、あわや、ソ連征伐軍進発の矢先。

ドイツ軍が突如として西部戦線で行動を起こしたのでした。このとき英仏は対独戦争中であったことをお忘れなく。

当時、英仏は、ソ連よりドイツを、はるかに恐れていました。ドイツが西部戦線で、しばらくおとなしくしていれば、その暇《ひま》にソ連征伐をやってしまおう、と。

歴史の「イフ」（もし）ですが、英仏のソ連征伐プランをヒトラーが知っていたら。

歴史は全くちがったものとなっていたでしょう。

ヒトラーのプランは、英仏とは戦争をしないで、ソ連征服が第一目的でした。その英仏がソ連征伐をやってくれようというのですから、ヒトラーにとって、こんないい話はありません。早速、英仏との戦争なんかやめてソ連征伐に参加していたにちがいありません。そうなったら、その後の世界史はどうなっていたか。面白いシミュレーションだと思いますが、それはあとで。

ヒトラーは、そんなこと知りませんから、一九四〇年夏になると西部戦線で大攻勢にでてきました。

こうなるともう英仏は、ソ連征伐どころではありません。対独戦に追われて。

その後の経過は歴史のとおり。

「侵略戦争」は定義されていなかった――小室

それにしても、ここで言っておきたいことは、戦間期（第一次世界大戦と第二次世界大戦とのあいだの時期）、「侵略」呼ばわりされたのは、イタリアとソ連です。日本ではありません。念のため。

満洲事変は、批判されましたが、「侵略」とまではされませんでした。批判の根拠は、九カ国条約と不戦条約（一九二八年のケロッグ・ブリアン条約）です。

対日批判で最も積極的であったのは、アメリカのスチムソンでした。英仏伊はむしろ及び腰、いやむしろ日本に同情的でした。国際連盟で原理論をふりかざして日本を批判する中小国を抑えはしませんでしたが、直接交渉では、むしろ日本の立場に理解を示しました。

そのスチムソンすら、満洲での日本の軍事行動が不戦条約違反であるとは考えないとして、アメリカが主導して不戦条約を発動するつもりはないことを明らかにしました。不戦条約が侵犯されたかどうかの判定は、国際司法裁判所が決めたらよい、という態度でした。

要するにアメリカは干渉しない。

一九二九年の満洲における中ソ紛争にはアメリカは干渉しました。

このことを思い出すと、満洲事変のときのアメリカの態度は記憶しておいてよい、と思います。

昭和二年の南京事件（蔣介石の北伐軍が、南京で、日米英の居留民を大掠奪した事件。米英の砲艦は中国軍に発砲したが日本の砲艦は発砲しなかった）から四年しかたっていない昭和六年です。

米英も、中国を混乱した未開国として日本の「軍事行動」に同情的でした。

このように、戦間期において、日本が「侵略」したとされたことはありませんでした。この時期における「侵略」の大立者は、イタリアとソ連です。

代議士諸君よ。このことを世界史の教科書で知っていますか。知らないとすると、ずいぶん偏向した教科書を使っていたものですねえ。

日本は、「リットン報告書」を不服だとして国際連盟を脱退したのでした。が、今にして冷静に読むと、その「リットン報告書」ですら、日本の立場、行動に理解を示している箇所は多いのです。日本を「侵略国」と決めつけたりしてはいません。

戦間期においては、「侵略戦争は違法である」というところまでは国際法に確立されたのでした。では、「侵略戦争とは何か」という正確な概念規定は、まだ、なされていません。「侵略戦争」が、正面から取り上げられたのは、戦後、戦争裁判においてです。侵略戦争をおこなった廉《かど》で、政治責任者に刑事罰を科そうというのですから、どうしても、「侵略戦争」を定義しておく必要があります。その必要はあったのでしたが、定義が下されたかというと、そうではありません。

ニュルンベルク裁判〔第二次世界大戦でのドイツの戦争犯罪を裁いた国際軍事裁判〕において、これを見てみますと。

起訴状では、「国際条約、協定および保障に違反する戦争でもあった侵略戦争」としています。

簡単に言うと、「国際条約違反の戦争」が「侵略戦争」です。

が、ニュルンベルク裁判が、この意味で一貫しているかというと、そうではありません。

判決では、条例が、「侵略戦争または国際条約違反の戦争」の計画を犯罪としていると言っています。

このように、起訴状と判決では、「侵略戦争」の概念規定がちがっています。

どちらにするべきか。

「侵略戦争」と「国際条約違反の戦争」とはどういう関係にあるのか。

判決文は、「この問題をいっそう詳細に検討することは不必要である」といって逃げています。

無責任な裁判ではありませんか。被告を、侵略戦争を計画し、準備し、開始し、かつ実行したという理由で、一〇人も絞首刑にまでしておきながら、「侵略戦争とは何か」を検討することは不必要だと言っているのですから。**リッベントロップ**等九人（**ゲッベルス**は自殺）は、何がなにやら分からない理由で絞首刑にされたのでした。

東京裁判の判決では、ポツダム宣言より前に、侵略戦争は国際法上の犯罪になっていたと見《み》做《な》しています。

では、その「侵略戦争」の定義は。

どこにも下されていません。

ニュルンベルク裁判でも東京裁判でも、「侵略戦争」をめぐって大騒ぎをしておきながら、その定義は、どこにも下されていないのです。「侵略戦争」の廉《かど》で、一〇人（ニュルンベルク）あるいは七人（東京）も死刑に処しておきながら、正確な概念規定はどこにもないのです。空騒《からさわ》ぎ（Much ado about nothing）もいいとこでしょう。

〈リッベントロップ〉（一八九三～一九四六）ドイツの政治家。三二年ナチスに入党。ロンドン駐在全権大使を経て、三八年に外相と、ヒトラー外交を支えてきた。四六年、ニュルンベルク裁判にて絞首刑を宣告され、処刑。

〈ゲッベルス〉（一八九七～一九四五）ドイツの政治家。二二年、ナチスに入党。ベルリン党支部長、党中央宣伝部長などを経て、三三年、啓蒙宣伝相。あらゆる報道手段を統制した。ベルリン陥落直前に総統官邸で自殺。

「侵略」の定義は絶望的に困難――小室

第二次大戦後、国際連合《ユナイテッド・ネーションズ》（The United Nations）が作動してゆくことになりますと、空騒《マッチ・アドウ・アバウト・ナッシング》ぎばかりしてはいられなくなりました（なお、以下、「国連」とは、とくに断らなければ「国際連合《ユナイテッド・ネーションズ》」を意味することにします）。

侵略戦争とは何か。定義をしておかないとたいへんなことになることが分かってきたからでした。

国連憲章第三九条（安全保障理事会の任務）をごらんください。国連の安全保障理事会（以下、「安保理」と略称）は、侵略の存在を決定します。侵略行為をしたかどうかは、安保理がきめるのです。

つぎに、**第四二条**（軍事的強制措置）をごらんください。

安保理は戦争ができるのです。

ここで肝要なことは。

安保理が「侵略の存在」を決定するとき、そこに何の条件も制約もない。

このことです。

「侵略の定義」がありませんから、何を侵略とみなすかは、まったく安保理の自由です。勝手なのです。

もし、安保理が腹ぐろくて、べらぼうなイチャモンをつけて、これは「侵略」だと決定したらそれだけのこと。べつにヤクザっぽくなくても、イデオロギー対立のあるときには、どんな屁理屈《へりくつ》がまかり通るかもしれません。また、安保理は大国中心ですから、大国のエゴがこり固まって、そのために、これは侵略だと決定してしまうことも考えられます。

ある行為が侵略である、と決定されたら。

これは一大事。お国の一大事。

安保理は、侵略の廉《かど》で戦争をしかけられるからです。

このさい、戦争ができる（軍事的強制措置がとれる）ための条件。

これも実は、何もありません。何のかんのと書いてはあるけれども、戦争にうったえることができるための条件。これはありません。

安保理が、戦争をするぞと決めたら、それで戦争です。

歯止めはどこにもありません。まったく、安保理の自由、安保理の勝手です。

国連憲章は、このような構成になっているのです。

他方、国連は、正義と平和とを標榜《ひょうぼう》します。

それなのに、勝手に戦争ができるなんて。それに何の歯止めもないなんて。

そこで、「侵略」の定義を下すことが、焦眉の急であると思われるようになりました。

それにしても、「侵略」の定義。

とてつもなく難問。フェルマーの定理以上の難問であることは分かり切っていたのでしたが。

あがけばあがくほど、もがけばもがくほど、定義不可能な超大難問であることが、ますますはっきりしてきた。

例えば、一九五一年一二月に事務総長は、侵略の定義に関する質問を発しましたが、六〇カ国中、一五カ国が回答してきただけでした。

一九五六年には、特別委員会が「侵略の定義」についての報告書を出すことになっていましたが、人びとを満足させるに足る定義は、まだ下されていません。

いつまでももたもたしていても仕方がないと、一九七四年に、国連総会は「侵略の定義」を下しました。

しかし、この定義、よく見ると定義になっていないのです。

第三条には、侵略行為とされる六つの場合が挙げられていますが、網羅的《もうら》ではありません。場合を列挙して定義を下すという方法もありますが、この方法を使うと網羅的《イグゾースティヴ》（exhaustive）でないと定義になりません。あらゆる場面をすべて列挙しないと、定義とは言えないのです。抜けていてはいけません。

例えば、旧約聖書における食物規制がそうでしょう。

この理由で、一九七四年の国連総会が「**侵略の定義**」を採択したとはいっても、理論的にこれは定義にはなってはいないのです。

また、左のような問題もあります。

実際に、「侵略らしい行為」があったとき、これが「侵略」なのか。「侵略」に似ているけれども実は、この定義による侵略には該当しないのか。この判定こそ「定義」の効用です。しかし、右の「定義」は、曖昧《あいまい》な点を多く残し、右の判定がキチンと一義的にできそうもありません。いや、確実に「できない場合」が多くあり得ます。

すでに縷説《るせつ》してきたように、「侵略の定義を下す」ことは、絶望的に困難なのです。あるいは、角の三等分のように、三体問題のように、三人ゲームの解のように、不可能なのかもしれません。

それでいて、「侵略」という用語《ターム》が国家に投げつけられるときには、誰にも明らかなように、最悪の罵倒になります。

くれぐれも注意して用いなければならないと思います。悪性の差別用語のように、それ以上に。

それなのに何か。国の最高機関たる国会が、わが国を侵略国呼ばわりするとは。しかも、「侵略」について何も考えず、何の議論もしないで!

そんな「戦後五〇年決議」においてすら、「南京大虐殺」は、もはや、取り上げられていません。

真実解明の研究をしてきた人びとの努力が結実したことに感謝したいと思います。

〈国連憲章第三九条〉安全保障理事会は、平和に対する脅威、平和の破壊又は侵略行為の存在を決定し、並びに、国際の平和及び安全を維持し又は回復するために、勧告をし、又は第四一条及び第四二条に従っていかなる措置をとるかを決定する。

〈国連憲章第四二条〉安全保障理事会は、第四一条に定める措置では不充分であろうと認め、又は不充分なことが判明したと認めるときは、国際の平和及び安全の維持又は回復に必要な空軍、海軍又は陸軍の行動をとることができる。この行動は、国際連合加盟国の空軍、海軍又は陸軍による示威、封鎖その他の行動を含むことができる。

〈侵略の定義に関する決議・第一条（侵略の定義）〉侵略とは、国家による他の国家の主権、領土保全若しくは政治的独立に対する、又は国際連合の憲章と両立しないその他の方法による武力の行使であって、この定義に述べられているものをいう。

「南京大虐殺」説がおかしい、これだけの理由

「南京大虐殺」説は、世界的な疑惑の的になってきている——渡部

最近では、ぽつりぽつりとではありますが、虐殺を否定する内容をテレビで流すことができているので、それは大いに役立っているようです。「テレビでも言っていたよ」ということになると、「南京大虐殺」はなかったことを知っている人が発言することに、勇気を与えることになるわけです。不戦決議を行うときにも、あえて「南京大虐殺」に触れようとしなかったのは、そのような情報が国会議員のなかにも流れていたからでしょう。

また近頃では、「南京大虐殺はなかった」と主張しておられる田中正明さんのような方にも、香港のほうからインタビューがきたり、ＵＰＩからインタビューが来たりしていることも重要な動きです。「南京大虐殺」説は、世界的な疑惑の的になってきているのです。

なぜいまの日本の歴史学界が不甲斐ないかというと、いま日本の歴史の分野で活躍している

人たちは、公職追放令の後を埋めた連中であるからでしょう。その代表は家永三郎さんですが、家永三郎さんは昭和二〇年代の初め頃までは、「天皇陛下万歳」の側の皇国史観の立場に立っていました。それが急に一八〇度転換してしまうわけです。そのため、もう歴史家の信念なんてものをなくしてしまったのではないでしょうか。

彼らは歴史学の教授というだけのことであるわけですから、教授のポストがなくなれば歴史家ではありません。教授のポストを離れて歴史を書く自信が果たしてあるかと言えば、どうもないような人たちです。徳富蘇峰は歴史学の教授ではないけれども、堂々と歴史を論じる歴史家であったわけです。イギリスの例では、**ヒューム**や**マコーレー**をあげてもよいでしょう。

それに、「南京大虐殺」はなかったと主張している素人は、その場に居合わせて自分の目でしっかりといろいろ見ていたので、「そんなことは絶対になかった」という確信を持っているのです。

さらに南京には戦前、反日的な外国人記者もたくさんいました。その反日的な人たちが調べたところでさえ、戦前の南京の人口は多く見積もってもだいたい二〇万人です。金持ちの住民は、日本が行くと戦禍を避けてみな疎開してしまった。だから人口の数字は、減ったとしても増えているはずはないんです。また占領直後には食糧の配給をやっていますから人口の把握が割と確実なんですが、落城一カ月後の南京の人口はおよそ二五万人です。便衣隊などのゲリラも中国にはいましたから、そのことによって殺された人もいるでしょうが、被害の程度は一国の首都が落ちる際の常識の程度と言えるでしょう。

世に言われる「南京大虐殺」とは、日中戦争さなかの昭和一二年（一九三七年）、南京入城に際して日本軍が行った大虐殺事件、と認識されております。そして、その結果、三〇〜四〇万人の無辜《むこ》の市民が犠牲になったかのように喧伝されているのが現状です。

しかし、それは事実ではない。もちろん、戦争中なのだから、戦死者は出ただろうし、巻き添えになった市民も少しはいたでしょう。但し、けして喧伝されているような多数ではないし、一般市民を集団殺害した不法行為があったわけでもない。そのことについては多くの研究がなされておりますが、虐殺事実の存在を否定する最も優れた研究の一つに、田中正明氏の著した『南京事件の総括』（謙光社、昭和六二年刊）があります。田中氏はここで一五の論拠を挙げておりますが、現在いわれている否定論拠がほぼ体系化されているので、要約させていただきます。

1．当時の南京の人口　犠牲者が三〇～四〇万人といわれているが、当時の南京にそれだけの人間はいなかった。安全区を管理していた国際委員会の公文書では人口二〇万人、米誌ライフには一五万人、日本軍の捕虜となった中国軍将校の記録では「非戦闘員一〇万人」「南京市民概ね二〇万人」などとあり、南京防衛軍五万人とあわせても、どんなに多く見積もっても二五万人しかいなかったのである。

2．難民帰還で人口は急速に増加　前出の南京安全区国際委員会の公文書から人口問題に触れた箇所を抽出すると、日本軍の南京入城後に人口が増加しているのが分かる。東京裁判の記録によれば、南京占領後、虐殺、暴行、掠奪などが六週間にわたり続いたとあるが、そんな治安状態下で、人口が増える事態などあり得るだろうか。また、金陵大学社会学教授ルイス・S・C・スミス博士が、昭和一三年三月末に行った人口調査では、南京の人口は二二万一一五〇人。調査漏れ、移動中の民衆を加えると、二五～二七万人と推定されると、スミス博士はその注に記した。南京の治安回復を物語る何よりの証拠である。

3．累々たる死体など見た者はいない　東京裁判で証言台に上った紅卍字会《こうまんじかい》［中国の宗教結社］許伝音副会長、ベイツ金陵大学教授らは、南京で至る所に死体が転がっていた様を証言しているが、当の南京に入城した将兵、百数十名の新聞記者やカメラマンは、誰一人この光景を見ていない。占領三日後の一二月一五日、前出のベイツ教授を訪ねた新聞記者は、教授自身から、「秩序ある日本軍の入城で南京に平和が早くも訪れたのは何よりです」との挨拶を受けている（東京日日新聞一二月二六日）。日本人将兵はいうに及ばず、一五人の国際委員会の委員、五人の外国人新聞記者はじめ、第三国人誰一人として、中国人証人の言うような凄絶な光景は見ていない。

4．国際委員会の日軍犯罪統計　国際委員会が抗議した日本軍の非行は四二五件である。但し、これらの事件について一つ一つ検証がなされていないことは、同委員会のスミス書記長も認めており、告発内容に齟齬《そご》が見られたことは、当時その告発の窓口であった福田篤泰氏（後に衆議院議員）の証言もある。仮にすべてクロだとしても殺人はわずか四九件しかない（板倉由明氏の作成による）。

5．難民区は安泰、感謝の書簡　南京在住の婦人・子供を含む非戦闘員はすべて国際委員会の管理する安全区内に居住していた。国際委員会のラーベ委員長が日本軍に送った、「私どもは貴下の砲兵隊が安全地区を攻撃されなかったという美挙に対して、また同地区における中国民間人の援護に対する将来の計画につき、貴下と連絡をとり得るようになりましたことに対して感謝の意を表するものであります」という書簡のほか、諸記録でこの地区の平穏ぶりは確認できるが、とすれば虐殺の起ころうはずはない。また、激戦地・下関の北、宝塔橋街の難民区では、一三日の戦闘後、日本軍が食糧、被服の給与などを通じ民心の安定を図っており、特に翌正月元旦に送られた大量の食糧については、紅卍字会支部長陳漢林総代表による受領証、感謝状が贈られているほどである。

6．架空の捕虜大量殺害説　「激昂する兵は、片はしより殺戮す」と佐々木少将や島田中隊長の回想録にでてくるが、これは当然の戦闘行為で、戦闘中に捕虜をとるとらぬはそのときの部隊長の意思によるというのが陸戦法の考え方だ（詳しくは小室氏の項を）。また、昭和五九年に「毎日新聞」「朝日ジャーナル」に相次いで発表された元陸軍伍長の「大虐殺証言」は、取材者の恣意的な記事であり、『一万三五〇〇人を虐殺』とされたその記事の内実は、『一万四〇〇〇人の捕虜の内、約半数を釈放。翌日の出火騒動に乗じ、さらに半数が、逃亡。残りの移送中に暴動が起こり、鎮圧のため射殺した』というものだったと、その被取材者は語った（捕虜の脱走、叛乱に対する即時射殺は、戦時国際法の認めるところである)。

7. 崇善堂の一一万埋葬のウソ　東京裁判の判決文中、最も重要な殺害人数認定箇所には、南京で殺害された一般人、捕虜の総数が二〇万以上であったことは、埋葬隊、その他の団体が埋葬した死骸が一五万五〇〇〇に及んだ事実によって証明されている、という記述がある。これに対し弁護側は、「この統計表が事件後一〇年を経て作られたもので信憑性に乏しいこと」「発見場所から考えて、これらの死体は戦死者の死体であり、虐殺死体ではないこと」などを挙げ反論したが、退けられている。が、昭和六〇年、阿羅健一氏は、裁判記録では一一万余を埋葬したことになっている崇善堂なる団体に関する重大な発見をした。それは、崇善堂が、葬儀、埋葬を事業として行っていないこと、公文書にその名が出てこないこと、一時活動を休止していた同団体が活動再開したのが昭和一三年九月との記録があることなどで、事件後四カ月で一一万余の死体を埋葬したとの中国の主張とは大きく食い違っている。

8. スミス博士の「戦争被害調査」　国際委員会書記長を務めるルイス・S・C・スミス博士は同委員会の解散後、多くの学生の協力を得て、南京城内、その周辺の被害状況を調査した。五〇戸に対し一戸という直接尋問によって得られたこの調査では、軍事行動による死亡者八五〇人、兵士の暴行による死亡者二四〇〇人、拉致されたもの（消息不明）四二〇〇人という結果が出た。もう一つ重要な点は、直接尋問を行ったのは中国の学生達なのだから、もし伝えられるような大虐殺行為があれば、当然スミス博士の報告書に記載されるはずで、それがないということは虐殺行為自体の存在も否定されよう。

9．何應欽上将の軍事報告　南京戦を日本と戦ったのは、北京政府でも中共軍でもなく、国民党政府、すなわち現在の中華民国政府である。当時の中華民国陸軍一級上将で、軍政部長（国防相）兼軍事委員会委員長何應欽将軍が昭和一三年春に開催された臨時全国代表者大会（日本の国会に相当）で行った軍事報告は南京失陥の模様も伝えているが、他の部分は詳細な統計等が付記され報告されているにもかかわらず、日本軍による虐殺行為などはまったく報告されていない。

10．中国共産党の記録にもない　昭和一三年六月に発行された中共の『軍事雑誌』に、初めて南京の戦闘記録が出ているが、その中に日本軍による市民の虐殺、捕虜の大量殺戮などは出てこない。共産党幹部と起居をともにした著名な米人作家アグネス・スメドレー女史は延安から漢口に至るまでの詳しい日誌を残しているが、その南京陥落の項は感想を述べているのみであり、日本軍の暴虐ぶりや大量殺害についてはまったく触れていない。また、昭和一三年夏に漢口に医療救護のためにやってきたインド医師団五名に対し、中国側は日本軍の犯罪行為や戦闘状況などを詳しく述べているが、その中に大虐殺に関する話は出ていない。要するに、中国側が南京大虐殺の大合唱を始めたのは東京裁判以降であり、それまでは中国にとっても南京事件はなかったのである。

11．国際連盟も議題にせず　昭和一二年八月から開かれた国際連盟第一八回総会で、シナは北支事変を提訴。その後もシナは日本の軍事行動に対しいちいち提訴し、連盟は日本に対しての非難決議を行っている。南京陥落後の翌一三年、シナを支援する決議案が採択され、さらには、日本軍の空爆と山東戦線における毒ガス使用を非難する提案は満場一致で可決されている。しかるに南京大虐殺については、非難提訴はおろか、議題にさえ上っていない。

12．米・英・仏等からも抗議なし　中国に多くの権益を持つ米英仏からは常々様々な抗議が寄せられ、日本政府はその対応に苦慮していた。昭和一二年九月には、米英仏による日本の南京空爆に対する抗議が来ている。無差別爆撃であるというのが抗議の内容だ。スミス博士の調査によると、この空爆による死者は六〇〇人。しかし、南京の虐殺については、何の抗議もうけていない。

その他、米英のマスコミがほとんど取り上げていないこと、箝口令《かんこう》などひかれていなかったこと、南京に入城した報道陣に目撃者が一人もいないことなどを田中氏は紹介しています。いずれの疑問点も虐殺肯定派からははっきりとした反論もないということは、逆に言えば「南京大虐殺などなかった」ということのなによりの証左ではないでしょうか。

〈ヒューム〉（一七一一～一七七六）　イギリスの哲学者、歴史学者。一時商社に勤めるも、渡仏し哲学を研究。六八年、外務次官を辞し、エジンバラで隠遁生活を送る。ニュートン自然哲学の実験的方法を人間的領域に適用し、人間学を提唱。また、因果律を習慣による主観的結合であると否定し、カントらに大きな影響を与えた。

〈マコーレー〉（一八〇〇～一八五九）　イギリスの政治家、歴史家。三〇年下院議員となり、三四～三八年にインド最高会議議員を務め、三九年より陸相。『英国史』など多くの著作がある。

殺してもいい場合と悪い場合とがある――小室

存在しもしない人数を、どうして殺すことができるのかということですね。当時の南京の人口は、多く見積もれば二〇万、少なく見積もれば一二～三万です。それを中国のレポーターは四〇万人、ＮＨＫは三七万人殺したと言っている。しかも、南京というと巨大都市であるかのような印象もあるようですが、世田谷区や鎌倉市よりも狭い。そんなところで、何万なんていう大虐殺ができるわけがありません。「南京大虐殺」は、そのように人口や土地の広さなどの基本的な条件をまったく無視したべらぼうな議論です。

それからこれも渡部先生がしばしば言われていることですが、そんな大虐殺をやったなんていう批判は、南京爆撃を批判した国際連盟からも出されていない。また、あの時向こうでは国際委員会ができて、日本があういう悪いことをした、こういう悪いことをしたと六一通も手紙を書いて各大使館に送っているのです。それには、日本がやった悪いことは全部で六二二あると書いてあるんですけれど、これをよく読むと大変面白い。もっとも反日的な委員会が、必死になって調べた結果でも、日本が行った殺人は四九人にすぎないということです。日本はいろんな悪いことをやったとして、「殺人四九人」と書いてあるわけです。それがいつのまにか、三〇万人とか四〇万人というように何千倍から一万倍にまで膨らんでしまうわけですから、これはまったく白髪三千丈の世界です。

さらに根本的なことを言っておきますと、一つは、捕虜というのはたいへんな特権だということです。これはもっとも大切なことであるにもかかわらず、「南京大虐殺」を論ずるとき、日本の国際法の学者も指摘していません。捕虜であるかないかということは、最終的には攻撃をするほうが決定する。だから、捕虜でないと決定すれば即座に殺してもいいのです。

それに、投降しさえすれば捕虜になるのかというと、けっしてそうではありません。降参したと見せかけて、ピストルを出してドンとやるかもしれない。そんなことがどこでも起きているわけですから、敵軍の軍司令官が正式に降伏し、「はい、受け入れました」と両者で約束ができれば明らかに敵軍は捕虜となることができるわけですが、ついさっきまで戦闘していて目の前で手を上げたから「もう、捕虜なんだ」というようなことはあり得ないわけです。

また、境界領権ということも重要です。境界領権とは、どちらか分からない場合には主権国家に有利に解釈されるという原則を定めたものです。さらに言っておかなければならないのは、軍隊は国際法に明確に違反しない限り何をしても合法となるということです。なぜこんなことを言うのかと言いますと、殺したと一口に言っても次のように分けて考えなければならないのです。

① 純然と戦争で殺した場合は合法です

②　戦闘員の資格を有しないで違法に戦闘する者を殺すのは合法です
③　捕虜を殺せば、非合法です
④　捕虜であるかどうか分からない者を殺した時には、国際法上主権国家に有利なように解釈されます（これは、刑法とは正反対です）

つまり、明らかに捕虜でない者を殺すのは自由、捕虜であるかどうか分からない者を殺すのも自由、明らかに捕虜だということが明白な場合に、これを殺すことは違法であるということです。南京が陥落したときには、さきに該当する「明らかに捕虜である」者など、一人もいなかったのではないでしょうか。

軍司令官が逃亡したので、南京陥落時には正式な捕虜は一人もいなかった――渡部

「明らかに捕虜である」者など、一人もいませんでした。なぜならば、蔣介石が後を任せた軍司令官が、南京が陥落する前に逃げてしまったからです。小室さんもご指摘になったように「軍司令官が正式に降伏し、両者で約束ができれば敵軍は捕虜となることができる」ということですから、南京陥落に際しては「明らかに捕虜である」者など、理論的には一人もいなかったわけです。その点については蔣介石政府も悪いと思っているのか、日本を非難したことはありません。毛沢東政権も非難したことはありません。唯一の例外が東京裁判でした。

また、たしか藤原彰という一橋大学の教授だったと思いますが、逃げる兵隊を撃ったことを指して「虐殺を行った」と言っていますが、そんな馬鹿な話はありません。戦争においては、追撃戦こそが勝利の刈り入れ時であり、これを行わない戦争などあり得ません。

それに忘れてはならないことは、平服を着て民間人のなかに潜り込み、スキがあればズドンとやるというのは、蔣介石の正規の戦略であった点です。そのような戦略を取れば、民間人が非常な危険にさらされることになります。誰が便衣兵であるのか分からないので、その可能性のある者、挙動不審の者は、殺されても仕方がない。蔣介石がそのような戦略を取ったので、日本兵がどんなに嫌な思いをしたことか。普通の女の子だと安心していたところが、後ろから撃たれる可能性もあったわけです。便衣隊がいると分かれば、村ごと全部焼き払わなければならない。それはアメリカも後にベトナム戦争を戦うことにより、はじめて分かったことです。

合法的措置としては、皆殺しされるしかなかったシナ軍——小室

シナ軍の軍司令官である唐生智こそ、最大の戦犯ですね。というのも、昭和一二年の一二月には、もう中国軍が南京を保持できずに負けることが明らかな状態でした。だから中国軍には、逃げるか、降参するか、玉砕するかの三つの選択肢しかなかった。そこで日本は一〇日のちに「抵抗する者には峻烈だが、民衆や敵意のない軍隊は侵さない……」と、降伏勧告をしたので

す。その時に中国が降伏していれば、何も起きなかった。

ところが唐生智が、蔣介石に「最後まで抵抗します」と宣言し、その旨を麾下《きか》の部隊に命令し、自分だけは逃げたわけです。これほどふざけた軍司令官はいません。最高司令官が「最後まで抵抗すべし」と判断をしたということは、玉砕命令が出たということです。そのため、シナ兵も頑張って、勇敢な兵は最後の最後まで激しい抵抗を試みました。もっとも、逃げる奴は督戦隊が後ろから撃つと脅かしたり、逃げないようにトーチカの中に足を縛りつけられた兵隊もいたようですから、強制された徹底抗戦であったという側面はあります。

軍司令官が玉砕命令を出した場合、日本人ならばまず間違いなく軍司令官が真っ先に戦死するか玉砕するまで頑張るかのどちらかです。ところが唐生智は、玉砕命令を出した翌日に自分だけ逃げてしまったわけですから、シナ軍としては正式に降伏することもできず、南京をオープン・シティにすることもできなかったわけです。国民政府を率いた蔣介石が、あえて南京虐殺を世界に対して訴えなかったのはそのためでしょう。

玉砕命令を出しておいて総司令官が逃げたら大混乱に陥るのは当然ですが、そのような例は他にもあります。フィリピンにおいて軍司令官であったマッカーサーが、ルーズベルトの厳命によって逃げています。そのとき、マッカーサーはウェインライト中将に全権限を与えるのですが、その権限が、バターンにおいてだけの指揮権なのか、それともコレヒドールを含むものだったのかが曖昧でした。ウェインライト中将が日本軍に降伏した時コレヒドールはまだ戦闘中だったんですが、日本がコレヒドールに降伏命令を下すことを勧告すると、中将は、「私にはその権限がない」と言うしかなく、マッカーサーの権限の与えかたが大問題になりました。

唐司令官の場合はもっとべらぼうで、玉砕命令を下しておいて自分だけ逃げたわけですから、代わりの司令官は存在せず、玉砕命令が最終命令になってしまったわけです。そのような事態に陥れば、シナ兵としては死ぬまで戦う以外に方法がないわけです。合法的措置としては、シナ軍は皆殺しされるしかなかったわけです。

それに、シナ兵がやたらに便衣兵になったという点もたしかに大問題です。便衣兵というのは戦争犯罪人であり、殺されたってけっして文句は言えない存在です。その便衣兵を摘発し殺さなければ、南京を占領した日本兵がスキを見せた瞬間に後ろからズドンとやられるのです。ですから、首都が陥落したときの被害を最小限度にとどめようとするならば、シナ軍は「絶対に便衣隊にはなるな」と明確に命令を下すべきであったのです。

戦闘員であるということを明確にしないで戦闘行為に出れば、それは海賊や山賊と同じであって明らかに違法です。シナの便衣隊はその違法行為を戦略として採用したものです。そのため、便衣隊は捕虜にはなれず、殺されたって文句は言えないんです。日本軍が、その違法な便衣隊にどれほど悩まされたかは言うまでもありません。

第一次世界大戦・第二次世界大戦において、ドイツは通商破壊船という商船を装った軍艦を繰り出しました。これは、商船にうまく化けてはいるけれども、いざ発砲する時には軍旗を掲げて軍艦であることを明らかにしました。そのような手続きを踏むことよって、商船を装った軍艦の発砲も合法となったわけです。

私が子供の時に初めて知った通商破壊船は、第一次大戦で暴れに暴れたドイツのゼーアドラー号でした。ゼーアドラー号はたった五〇〇トンの帆船でしたが、戦闘を開始する前には戦闘旗をマストに掲げ、軍艦であることを明確にしました。そうしたことは、第一次大戦の時から明らかなことでした。

捕虜になるということはどういうことか――渡部

捕虜になる条件を定めた**ハーグの陸戦協定**においても、いちばん重要なのは戦闘員であるということが遠くからでも識別できるように軍服を着用し、外から見えるように武器を持っているという点です。そして、降伏するときには指揮官が降伏しなければならない。戦闘員が勝手に「俺は、やめた」と言っても、それは正式な降伏としての効力を持たない。「俺は、やめた」と両手をあげた敵兵を許すということはあったでしょうが、それはこちら側の慈悲であって、義務ではないんです。そうして助けたとしても、その助けた相手が暴れ出すかもしれない。実際にそういうことが起こっていたのです。

逆に、日本軍は南の島でずいぶん玉砕したと言われていますが、降参した日本兵はあらかた殺されています。英語を話すことのできる者だけは情報を得るために生かされましたが、それ以外の投降兵については、アメリカにしてみれば厄介なだけだったのです。そこで大量に殺してブルドーザーで埋めたわけですが、これらの人を捕虜といっていいかどうか分かりませんが、そのようなことがあったということは、向こうの記録にちゃんと書かれています。

〈ハーグの陸戦協定〉　ハーグ平和会議は、一八九九年と一九〇七年の二回、オランダのハーグで開催されている。

第一回平和会議には、二六カ国が参加し、国際紛争平和的処理条約、陸戦ノ法規慣例ニ関スル条約、ジュネーブ（赤十字）条約ノ原則ヲ海戦ニ応用スル条約（三条約）が、締結された。

また、この条約とは別に、軽気球からの投射物爆発物投下禁止、毒ガス投射物使用禁止、ダムダム弾使用禁止の三宣言が採択された。ダムダム弾とは、命中後に弾芯がきのこ状に開いたり、弾芯の鉛が飛び散るなどの特殊弾であり、これは非人道的兵器であると見做された。この程度の兵器が「非人道的兵器」として「使用禁止」にされるハーグ平和会議の精神から見れば、当時はまだ存在しなかった原爆に対して、同会議がどのような態度を取ったかは明らかである。

第二回平和会議には、日本（第一回は不参加）を含む四四カ国が参加し、国際平和に関する共通目的がさらに明確化され、第一回ハーグ会議で採択された条約の改正を含め、戦争を規制する一三の条約と一つの宣言とが採択された。

韓国皇帝が密使を派遣して、日本の侵略を訴えたのは、この第二回平和会議においてであった（ハーグ密使事件）。

英米仏独は協定を破ったが、日本は約束を守り通した――小室

「俺は、やめた」と敵兵が両手をあげても、その段階ではまだ戦い続けるというのが、国際法の鉄則です。日本海海戦の時の例を挙げましょう。日本海海戦において敵艦隊が白旗を上げたので、日本海軍の参謀が、「砲撃を停止しましょう」と東郷大将（平八郎。後に元帥）に言った。すると東郷大将は、即座に「まだ駄目だ」と却下しました。

なぜかと言えば、その時点ではまだ敵艦は止まっていなかったからです。本当に降伏する意図があるのだったら、白旗を上げるだけでなく、艦隊が止まらなくてはならない。そのため敵

艦隊が止まるまで、日本は砲撃を続けました。その態度について、戦後ロシアも英国も何も文句は言っていません。国際法からして適法なる態度であったからです。あまり知られていませんが、東郷大将は立派な軍人であると同時に当時の国際法の最高の権威だったので、そのような判断が実戦時においても瞬間的に出来たわけです。

降伏の意志が明白でないときには、「降伏していない」ものと認めるのは当然のことであるばかりか、降伏の条件が整わなければ「降伏した」ということにはならないわけです。

南京が陥落しそうになったとき、日本にとっては敵性国である英米仏は、蔣介石への顧問団をまだ引き上げてはいませんでした。当時の英米仏は、日中戦争に関しては中立国ということになっていましたが、それは名ばかりのことであり、蔣介石の軍隊に軍事顧問団を派遣していたのです。ドイツも軍事顧問団を派遣していましたが、ドイツの軍事顧問団が蔣介石のもとを引き上げたのは、日独防共協定が締結されたちょっと後のことです。

南京落城近しというときに、英米仏独がどのようなことを行ったかというと、委員会を作って非戦闘員である市民を収容する安全区をつくりました。日本は、その安全区に対して「絶対に中立を守るのであればこちらも中立を守る」と約束し、そこは日本も砲撃しませんでした。そのため、南京市長は、市民はみな安全区に行くように指示し、収容させたわけです。

つまりそのとき南京市民は、中立国（じつは日本の敵性国家）とされていた英米仏独の国が管理していた安全区にいたのです。ところが南京が陥落してしまうと、そこにシナの軍隊が流れ込んだ。本当なら、それは協定違反です。シナの敗残兵を入れてしまえば、そこはもう中立を守る安全区ではないので、日本軍が砲撃しても文句は言えません。

スウェーデンは、「ヒトラーの軍事物資を通過させたじゃないか」と言われて、戦後大問題になりましたが、あの時には、すでにノルウェーも占領され、フランスは降伏し、英国も降伏寸前でした。その状況からして、スウェーデンは非常に苦しい立場にあったことが分かります。あの状況下でヒトラーの圧力を撥ね除けるなんてことは、ほとんど不可能でした。だから戦後、戦犯問題こそ起きなかったけれど、スウェーデンは必死になって説明してやっと国際的に許されたわけです。そのように中立国は、一方の軍事物資の通過さえも許されないし、いわんや負けた兵隊が逃げて入ってきたのを許すなんてことはとんでもないことなのです。

南京の安全区については、シナの敗残兵を受け入れたということは、委員会が中立を守るという協定に違反を犯したということです。ですから、本来ならば委員会の人が銃殺されても文句は言えないのですが、日本はそこまでやらなかった。そのことに対しては何ひとつ報復措置をとらず、安全区については最後まで砲撃をしなかった。英米仏は、中立を僭称《せんしょう》しつつも協定を破ったが、日本はそれでも約束を守り通した。その事実を書かなかったら不公平です。

敵兵が逃げ込んだから追撃する、それは当然の権利なのです。それが悪いと言うなら、シナ兵が入るのを断固として拒否しなければならない。それでもなおかつシナの敗残兵が逃げ込んできたなら、安全区を管理している委員会の責任として、日本に「敗残兵ですよ」と言って突き出さなければならない。それだけの義務があるのです。正式に委員会が日本軍に突き出して、その上で日本軍が銃殺にしたというのであれば、その時の状況によっては、あるいは日本にも責任があるかもしれない。しかし委員会は敗残兵を突き出さなかったのだから、日本軍としては誰が敗残兵で誰が普通の市民なのかすら判別することは不可能でした。そのことを明記する必要があります。

日本は砲弾を一つも撃ちこまずに安全区に入って、敗残兵を捜した——渡部

安全区にシナ兵をかくまい、そこからは大量の武器や弾薬が発見されているわけですから、じつにひどい話です。委員会は、本当は安全区に敗残兵を入れてはいけないのだし、どうしても入ってきたら、協定にしたがって日本と協力して捜さなければならなかったのです。しかしながら、米独などからなる委員会は、協定に違反したうえにそのような協力をしなかったので、日本は独自に捜すしかなかった。その行為を「残虐」と言っているわけです。

当時日本は砲弾を一つも撃ちこまずに安全区に入ったので、委員会は日本軍に感謝状まで出したんですよ。

その小さい安全区には、当時二〇万人もの人がひしめいていました。ちょうど阪神・淡路大震災後の居住地区みたいなところに、二〇万人もの人がひしめいていたわけですから、充分に食い物のあろうはずがありません。そこでどうしたかというと、その食糧の多くは日本が調達したのです。日本から食糧を貰っている当時の写真はいっぱいあります。でも、それは皆日本に都合のいいものになってしまうから、反日的なマスコミは誰も出そうとはしない。

玉砕命令を出した司令官が逃げてしまったら――小室

南京城の陥落近しというときに、自由都市宣言＝オープン・シティにしてしまえば、不必要な殺戮と混乱を避けることができたでしょう。司令官が軍隊を率いて逃げるのです。そのうえで司令官が軍隊を率いて逃げましたとハッキリ相手に知らせなくてはならない。司令官が率いていれば、混乱や掠奪も少ないでしょうしね。シナ人は掠奪は得意だけれど、司令官がいればそれも最小限になるでしょう。それに、軍隊がいなければ、日本はスッと入城できて、何もやる必要はないのです。

それから、もう一つの方法としては、日本軍総司令官**松井（石根）**大将が投降勧告をしたとき（一二月九日）に、これを受け入れることです。

蔣介石の下に、参謀総長から主だった軍事専門家、それからドイツ軍の軍事顧問まで集まって相談した結果、誰が見てももはや抵抗はムダだということが分かったわけです。ドイツの軍事顧問団が、もうダメだから軍隊率いて逃げなさいと蔣介石に助言したわけですよ。ところがこの時には、もう完全に包囲されていたのだから、逃げようにも逃げられないでしょう。だから、今度は降伏しなさいと助言した。ここで抵抗したら大混乱が起きるに決まっているからと、彼らは言ったのです。軍事専門家にはそれが分かっていたわけです。

完全に負けることが読めた場合、逃げるか、降伏か、玉砕かという選択肢があるわけですが、司令官が逃げる場合には、最低限これこれの権限を誰々に任せるということを明確にしていかなくてはならない。そうしなくては大混乱してしまいます。

〈松井石根〉（一八七八～一九四八）陸軍大将。陸士卒業後、日露戦争に出征。その後陸大を卒業し、参謀本部、中国欧米勤務を経て、ハルピン特務機関長等を歴任。三五年、予備役に編入するも三七年現役復帰し、中支那方面軍司令官兼上海派遣軍司令官に就任、南京作戦を指揮した。A級戦犯として処刑された。

シナ兵捕虜の大半は、家に帰ってもらった——渡部

負け戦の兵隊にしてみれば、上の人がちゃんと降参してくれれば、これほど有り難いことは

ありません。日本軍にも、相手に降参された戦場はたくさんあるのです。そうしたときに、日本軍は捕虜の世話ができないからと、原則としては武装解除の上、みんな家に帰ってもらいました。

捕虜は優遇するというのが日本軍の原則――小室

そのとき、「帰りたくない」といって、日本の手下になった人もずいぶんいました。**汪兆銘**《おうちょうめい》が軍隊を作った時に、元日本軍の捕虜であった将軍もずいぶんいたでしょう。日本軍が捕虜を殺すなんてことをやっていたら、日本軍の手下になって戦うなんて人が一人だっているはずない。

日本軍の原則というのは、捕虜は優遇するということですよ。それから、日本軍の方針としては、なるべく捕虜は取りたくなかったのです。なにせ食糧がないでしょう。しかし、シナ兵というのは調子がいいところがあって、猛烈に抵抗するけれども、負けると分かったらあっさり降参するのです。困ってしまうのは、こちらの員数の何倍もの敵が降伏することがあるということです。

バターン死の行進の時など、まさにそうでした。敵は日本軍と同じ規模だと思っていたのに、アメリカ軍は日本の三倍もいて、その三倍の敵に降参されてしまって大慌てとなったわけです。

シンガポールは一〇万でしたが、きちんと談判したうえで降伏をしたので、たいした混乱はなかったし、移動させる必要がないこともよいことでした。フィリピンの場合は、向こうも食糧がないから移動させなくてはならなくてたいへんだったわけです。ともかく、味方よりも優勢な敵に降伏されるほど恐ろしいことはない。

中国の歴史を見ると、そういう場合は捕虜を穴埋めにしています。**項羽**《こうう》なんかもそれをやっており、秦の軍隊二〇万人を穴埋めにしています。秦の軍隊もそれをやっています。秦の有名な**白起**《はくき》将軍というのは、長平というところで趙の軍隊をこてんぱんにやっつけて、それで趙の軍隊が降伏すると、趙軍四〇万人を穴埋めにしています。

穴埋めと言えば、我々は生き埋めだと思うでしょう。ところが、そんな悠長なことをやっていたら何十万人も殺せない。地下道をきちんと掘らせて、地下道の中に追い込んで鉄の扉をバシャッと閉めるわけです。地下鉄みたいに掘らせた上で、出入口を閉めてしまうのです。生き埋めだったら、すぐ死んじゃうからまだいいですけれど、いわば餓死、大量餓死です。

もしも、南京で日本人が三〇万人を殺したというなら、こういう方法でやらないとできないわけです。でも、そんな凄い穴を掘れるわけがありません。しかも、それをやらないで死骸を放置しておいたら、物凄い伝染病になり、死臭でそこにはいられません。

ジンギスカンの軍隊は死骸の放置を実際にやったわけですが、そのために死臭に耐えられなくなって、その街をいったん放棄して、何カ月かたってから帰ってくるのです。だから、何十万という人間を殺すなら、地下鉄式の穴埋めか放置かいずれかしかない。

それから、もう一つ大事なのは、南京城といえば巨大な城だと思うかもしれないけれど、中国のお城には城壁があるということです。城壁を作るにはものすごい手間がかかるのですから、南京城がそんなに大きな城なわけないんです。ウィーンだって一番盛んな時期でさえ旧市街地は歩いて行ける距離くらいでしかない。ニューヨークのウォール・ストリートだってそうです。

〈汪兆銘〉（一八八四〜一九四四）　中国の政治家。字は精衛。広東省番禺県の人。日本留学中に中国革命同盟会に加盟。辛亥革命後渡仏。一七年、帰国して広東軍政府に参加。国民党左派重鎮として国共合作を推進。後に蔣介石と対立し武漢政府を主宰。三七年、日中戦争勃発後も中共討伐、対日妥協を主張。四〇年、日本の傀儡政権を南京に樹立、同主席となる。

〈バターン死の行進〉一九四二年、フィリピン、ルソン島西部のバターン半島で、日本軍に厳重に包囲されていた連合軍は、約三カ月の抵抗の後に降伏した。七万名の生存兵は、マリベルからサンフェルナンドまで九七キロに及ぶ徒歩行進を強制され（サンフェルナンドから捕虜収容所までは貨車移動）、死者一万四〇〇〇名を出した、とされている。

〈項羽〉（?〜前二〇三）　秦末に漢の高祖（劉邦）と覇を争った楚の武将。秦将・章邯と共に降った二〇余万の兵を一握りの幹部を除き、函谷関東部の新安で穴埋めにした。後、垓下の戦で漢に敗れ戦死。

〈白起〉（?〜前二五七）　戦国時代の秦の武将。韓、魏、趙、楚との戦に功を上げ、前二六〇年、戦国時代最大規模といわれる長平の戦いで趙軍を撃破。四〇万に及ぶ投降兵を穴埋めにした。後、宮廷勢力争いのため自害させられる。

南京城の城壁を崩したのも日本軍とされている——渡部

日本も戦後になって都市に人口が集中しましたけれど、南京も戦後に一〇〇万人くらいになったんです。ですから手狭になって、城壁を一〇何キロか壊したんです。ところがいつのまにか、城壁を壊したのは日本軍だということになっているのです。でも、日本はそんな弾薬持っていませんよ。仮に持っていたって、そんなことには使いません。

にもかかわらず、平山郁夫氏（東京藝術大学学長）のようにとても善良な人は、その修復のお先棒をかついでしまうわけです。善意かもしれませんが、私は無知からくる国賊行為だと思うのですが。

よくよく吟味すれば、日本が不当に殺したのはごく僅かと言える——小室

南京が巨大都市だといっても、たいしたものではないのです。高さ二〇メートルの城壁を作らなければならないので、広くはできないのです。ただ北京だけは例外でした。北京は、元、明《みん》、清《しん》と三代の都であり、元は世界帝国だったので、北京だけは例外的に大きな都市になりましたが、それ以外はどんな巨大都市だといっても、たいしたことないのです。せいぜい世田谷区くらいの広さしかないわけですから、そこで三〇万人もの人を殺したら、とてもじゃないが死臭で住めなくなります。それだけの死骸が道路に放置されたら、まず歩けないでしょう。

それから、戦傷死のことも考えなくてはなりません。戦争が激しくなると、シナ人の戦傷者がものすごく増えました。なにせ、向こうは負けているのですから。そして、南京は設備がいということで戦傷者がどんどんどん入ってきました。しかし、南京落城も間近になると、薬や医師なども不足し、戦傷者がどんどん死んでいくわけです。でも、それは日本軍の責任ではないでしょう。これはあきらかに、戦傷死、戦病死であって、日本の責任ではない。

それから、捕虜になりたいと言ったところで、捕虜になる権利が発生しえない状況にあったということも重要です。投降兵はいたでしょうが、その投降兵に捕虜になる権利があったのかというと、原則としてなかったと言えるでしょう。組織的に降伏しないかぎり捕虜になる権利

があるとも断定できません。切羽詰まって手を挙げてもダメなこともあるのです。そのような投降兵を殺すのは、国際法で合法となることもあります。

雪崩をうって逃げたというのも、シナ兵にとってはマズイことでした。雪崩をうって逃げたわけだから追撃するのは当然であり、軍服の兵も着替えている兵も、両方殺しても合法なのです。

それから、安全地区に逃げ込んだ兵隊を掃討するわけですが、これも殺す権利があります。本来ならば、中立国の委員会が彼らを突き出さなくてはならないのですが、そういうことをしない以上、彼らは完全に敵兵ですから、殺してもよいわけです。

そのように吟味していくと、日本が不当に殺しているのはごく僅かであると言えるでしょう。便衣隊と間違えて殺したのもあったでしょうが、それは戦争中ですから仕方がないと言ってよいのではないでしょうか。とくに南京入城時には、日本軍は気が立っていました。なぜならば、南京に入城する前に、日本の一般居留民が中国軍に虐殺されているところをたくさん見てしまっていたからです。そのため、気が立っていたし、復讐心に燃えていたりもしたわけです。

その他に、捕虜にしようとしてもできずに、緊急避難的に殺したということもあったでしょう。こちらの何倍という数の敵が降参したのですから。そういう場合は部隊長の権限で、大量に釈放した場合もあるし、止《や》むを得ない場合には殺したでしょう。

なぜそのようなことになったのかと言うと、日本軍の進撃があまりにも早すぎたのです。逃げる敵を追い越してしまうということもあった。それで、追い越された敵が日本軍の背後から襲ったという場合もあったわけです。なんと言っても敵だから、そこら辺に放っておけば、いつ抵抗するか分からない。それで、殺す場合もあったわけです。

安全地区内の一般市民を虐殺したという記録はない——渡部

南京城の中の安全地区に、南京の市民のすべてが集められました。南京城が陥落しそうなときに、一般市民がわざわざ安全地区の外に出ていくはずはないので、南京城が陥落したときには一般市民はすべてこの安全地区の中にいたと考えてよいでしょう。その安全地区の中で大虐殺が行われなければ、南京において市民の虐殺はなかったということです。

南京城が陥落したときに、日本軍が南京城内の安全地区で大虐殺を行ったという記録はありません。

南京城壁をよじ登った日本軍——小室

そうです。それで決まり。「安全区の中での大虐殺」、すなわち「市民の大虐殺」がなかった。それで、「大虐殺がなかった」ことの充分な証明です。

「南京市民のすべてが安全区に集められた」ことを否定する人はいません。それなのに、「大虐殺があった」なんて主張する人がいます。矛盾です。

それに、当時は、日本兵自身、食べるものが充分ではなかったわけですから、食糧を分けるということはじつにたいへんなことでした。そのため、当時の日本の敵性国家であるアメリカのニューヨークタイムズの記者ですら、「日本は安全区をかなりかわいがった」と書いているほどです。

そもそも日本は、第二次世界大戦全般を通じて補給についての配慮が決定的に欠けていました。これは日本の致命的な弱点であり、そのためにガダルカナルでもノモンハンでもやられたということができるほどです。南京や漢口でもそうでした。補給をどうしようということは、ほとんど考えないのですが、そのくせ日本軍はがむしゃらな強さを持っていたわけです。食糧の補給がなく、食うや食わずでふらふらしていてもがむしゃらに戦うのです。ですから野戦になると、中国軍はあっという間に負けてしまって逃げる。日本軍はそれをまたがむしゃらに追うから、追撃スピードが予定より早まってしまう。

それは、日本のよいところでもあり悪いところでもあります。誰もが功名心にはやって、「我こそ南京城一番乗り」と歓声をあげたいということで、腹が空いていることを忘れてドンドン進撃するものだから、ただでさえ細い細い食糧補給の兵站が伸びきってしまい、切れてしまうわけです。南京で三〇万人もの虐殺を行ったというテレビの映像には、しばしば機関銃の掃射によってだとか、ガソリンをぶっかけて焼き殺したなどということが出てきますが、そのようなことはこの補給に対する日本軍の当時の考え方からしても、ありえないことであるということができます。当時の日本軍にとって鉄砲の弾というものはもの凄い貴重品であり、一発でも紛失したときにはみんなで探し回ったほどです。ガソリンも同様であり、後にＡＢＣＤ包囲網を敷かれたために対米戦争になったわけですから、「石油の一滴は、血の一滴」であるということで、もの凄く大事にしていたわけです。

日本の歴史上外国の都を落としたというのは、日清戦争の時、豊臣秀吉の時、そして三韓を征服した神功皇后のときの三度しかありません。その三回も韓の都であって、中国の都ではありません。しかも日本は中国こそ世界の都、世界の中心だと思っていましたから、中国の都を落とすなどといったら、一番乗りさえできれば死んでもいいと誰もが思い込むわけです。それに、当時の「朝日新聞」、「東京日日新聞」（いまの「毎日新聞」）など、誰が一番乗りをするかをこぞって書き立てたわけですから、士気はいやがうえにも高まります。

当時南京城には二〇メートルの城壁があったのですが、日本軍の軽戦車ではそのように大きくて頑丈な城壁は到底突破できそうにありません。重砲が後からくることは分かっていたんですが、なんとしてでも南京城一番乗りを果たしたい日本兵は、それを待ってなどいられません。

そこでどうしたかというと、皆で城壁をよじ登りはじめたというのです。これはまるで特攻隊のようなものです。最初に城壁を越えた者は確実に殺されるわけです。どんどんみんなが乗り越えていけば、そのうちにシナ兵をやっつけることができるようになるでしょうが、最初の何十人ないしは何百人は確実に殺されます。そんなことは分かりきったことなのですが、まったく意に介さず、どんどん城壁をよじ登りはじめたわけです。

それを見たシナ兵は大いに驚き、こんな兵隊とは戦いたくないと、結局、逃げ出したわけです。シナ人は、それまでにもずいぶんいろんな「野蛮人」と戦いましたが、北京城に立て籠りさえすればたいがいは持ちこたえることができたので、日本軍に対しても、南京城に立て籠りさえすれば大丈夫だと思っていたわけです。ところが、日本軍はその城壁をよじ登り始めたので、シナ兵としてはほんとうに度胆《どぎも》を抜かれたわけです。ジンギスカンの軍隊ですらやらなかったことを日本軍はやり始めたので、「こりゃダメだ」ということで、南京城は予定よりはるかに早く陥落してしまったわけです。

そのために、日本軍は南京入城を果たしたときには食糧も弾薬もけっして充分ではなかったのですが、それでもその少ない物資のなかから、安全区のなかにいた人々に対して食糧を分け与えたということは、じつにたいへんなことです。

その日本軍がいろいろなところで掠奪したということが言われていますが、そのほとんどが食糧であり、食糧については徴収する権利があるのです。そのことをアメリカ人は理解できないようですが、これは無理もありません。朝鮮戦争においてもベトナム戦争においても、アメリカ兵は食糧の現地調達を行いませんでしたが、それは食文化の違いによるものです。アメリカ兵のほとんどが、朝鮮やベトナムの食べ物を食べたがらないので、調達する必要がなかったわけです。

ところが、当時の日本軍は、食うや食わずで戦っていたと同時に、シナ人とはだいたい同じようなものを食べていたわけですから、食糧については現地調達をしようということになったわけです。それは国際法においても合法です。食うや食わずの兵隊にとってみれば、食糧は軍需品であり、軍需品の調達は合法なのです。なかには宝石などを掠奪した者もいたようですが、それは新聞記者や坊主や文化人などでした。新聞記者や坊主や文化人は、いずれ内地に帰れることが分かっていたので、宝石などを盗んだようですが、将兵は生きて帰れるかどうかも分からないわけですから、そのようなことはしませんでした。

蘆溝橋事件の真犯人は中共軍――渡部

宝石などを一番盗ったのはシナの敗残兵でしょう。シナ人というのはじつによく掠奪をするものなのです。かつて朝鮮王が秀吉の日本軍に追われて京城（当時は漢城）を後にして平壌へ逃げたときも、朝鮮王は明の掠奪を恐れてすぐには援軍の要請を行いませんでした。家来の中には「明軍に来てもらってはどうですか」とさかんに進言する者もいたのですが、シナ人がどのような民族であるかということをよく知っていた朝鮮王は、「明軍に援軍を要請するくらいなら、日本軍にやっつけられたほうがよほどましだ」と言って、なかなか聞き入れませんでした。朝鮮王が明に援軍を要請したのは、明との国境である新義州に着いてからであり、それほどまでに朝鮮王は明軍の掠奪を恐れていたわけです。

ヨーロッパにおいても、中世では掠奪は当然のことでした。百年戦争でヘンリー五世やエドワード三世が勝った頃、イギリスは掠奪品で物凄く潤ったのです。そういうことが、ちゃんとアンドレ・モロアの本に書いてあります。ヨーロッパでは啓蒙思想以後は掠奪は減っていくのですが、啓蒙思想が誕生しなかったシナ大陸においては、掠奪はずっと続いたわけです。そのことを理解しておかなければなりません。

もうひとつ、南京落城に関して大きな誤解が生じているのは「捕虜を処理する」という文言についてです。当時の日本軍は、捕虜になったシナ人を食わせる余裕などはなかったので、捕虜は原則としてみんな自分の家に帰したのです。そのことを「捕虜を処理する」と表現したわけですが、その記述を読んだ日本人のなかには、捕虜を殺してしまったと早とちりをして「残虐」行為の根拠のひとつにした人もいました。捕虜となったシナ兵の多くは、家に帰したわけであり、そのことをシナ兵はとても喜んだのです。

それから中立を装ってじつはそうではなかった国としては、英米仏の他にソ連もあります。ソ連は中国に戦闘機や爆撃機を与えていたわけですから、中立国とは言えません。

日中戦争については、江沢民が終戦五〇周年の演説で、「わが国は日本を引き摺り込んで連合軍の勝利を導いた」と言っていることも聞き逃してはならないでしょう。シナの意識としては、日本に対して敵である勢力と共に日本を打ち破ったと威張っているんです。被害者意識はまったく感じられません。

シナがどのようにして日本を戦争に引き摺り込んだかというと、いちばん明白なのは盧溝橋事件です。

かつて盧溝橋事件は、「日本がさきに発砲することによって戦端を切り開いた」ということになっていましたが、いまや「真犯人は中共である」ということは常識になってきました。あれは劉少奇《りゅうしょうき》の家来が、日本軍と蔣介石軍の両方に同時に弾を撃ち込んで、両者を喧嘩させたわけです。当時の日本軍と蔣介石軍は、途中で「どうもおかしい」とそのことに気づいて、一週間ほどで現地で停戦合意となったのですが、その三週間後に、通州で日本の民間人が二〇〇人あまりも惨殺されるという事件が起こり、再び戦火を交えるようになったのです。

シナ人の掠奪は本当にひどい――小室

蘆溝橋事件が中共軍の仕業であったというのは、たしかにその通りです。「蘆溝橋事件によって蔣介石と日本の軍国主義を両方とも滅亡させることができた。シナ軍にとってはまさに思う壺であったのである」と劉少奇が誇らしげに演説をしていましたし、向こうの教科書にもそのように書いてあるし、シナの要人もそう発言しています。

それに中立を装いつつまったく違ったことをやっていたという意味では、アメリカもそうです。昭和七年、日本は上海上空で初めて本格的な大空中戦をやるのですが、その時、ただ一機だけ勇敢にもシナの戦闘機が舞い上がってきました。当時の日本人としては大いに驚いたのですが、そのシナの戦闘機に乗っていたのはアメリカ人だったのです。その後調べてみると、中国には当時、アメリカの軍事顧問団に加え二〇〇〇人くらいのアメリカ人義勇団がいたということです。これは中立国としては絶対に許されない行為です。英仏のみならずアメリカもそのようなかたちでシナに肩入れをしていたわけです。

それほどまでに欧米列強に後押しされたからといって、シナの軍隊が品行方正になったのかというと、そのようなことはなかったようです。渡部さんもご指摘になった通り、シナにおいては兵隊は大掠奪するものなのです。歴史書を読んでいくと、掠奪しなかった例として劉邦の軍隊などが特筆されていますが、「掠奪しなかった」ことが特筆大書されるほどに、掠奪は当然のことであったわけです。秀吉の朝鮮出兵のときなども、敵軍たる日本軍よりも同盟軍である明軍の掠奪のほうが何十倍も物凄かったと、ちゃんと朝鮮の歴史の本に書いてあります。同盟軍でさえそれだけ掠奪したのです。

日清戦争のときも、清軍は朝鮮でも大掠奪をしています。昭和二年に、もうひとつの南京事件があったのですが、そのときも中国軍としては極めて士気が高く軍規厳正で革命の理想に燃えていた蔣介石の北伐軍が、物凄い掠奪をしています。その時、アメリカ砲艦とイギリス砲艦はシナ軍を砲撃したけれども、日本砲艦だけは砲撃しなかった。だから南京事件と言った場合には、その南京事件も書いておかなければアンバランスです。

「謝罪決議」はどのような観点からしてもやるべきではなかった――渡部

上海はなかなか落ちなくて、たいへんな被害が出た。それで杭州湾に上陸して、南京まで落としてしまえということになった。それが南京城攻撃の物語なんです。今から見て、まあ愚かさはありますが、その愚かさは我々自身が反省すべきことなのであって、「謝罪」しなければならないというようなことではありません。それに、結果的には汪兆銘政権ができましたから、当時の見方としてはまったく愚かでもなかったといってよいのではないでしょうか。英米ソが全力を上げてシナを応援しなければ、汪兆銘政権ができて平和になり、毛沢東の共産主義革命もなく、そのあとのプロレタリア文化大革命もなく、何千万人のシナ人が殺されることもなかったはずです。

国際法から見た「南京大虐殺」の疑問

小室直樹

戦後、日本の歴史が、何故《なぜ》、捩《ね》じ枉《ま》げられたか。

重要な研究課題だと思います。

捩《ね》じ枉《ま》げの元凶は、「マルクス史観」と「東京裁判史観」、それを取り持つ自称進歩的文化人だと思うのですが（これは第二章で詳しく述べます）。

マッカーサーが日本を占領したとき、最大の課題は、日本に対米復讎《ふくしゅう》戦をやらさないことでした。

米軍は、日本軍の強さには、ホトホト手をやきました。こんな小さな国が、何でこれほど強いのか、と。昭和二〇年（一九四五年）夏、日本がヘトヘトになってほとんど戦力を失った時でさえも、戦いはこれからだと決意したとか。日本を屈服させるまでには、少なくともあと一年半はかかるであろう。それまでには、アメリカの青年は、少なくとも一〇〇万人は死ぬだろうと。一〇〇人ではありませんぞ、念のため。湾岸戦争と一緒にされては困ります。

アメリカは、ソ連に参戦させ、原爆を落としました。

今から考えれば、全く必要のないことでしたが、昭和二〇年夏のアメリカは、そうは考えませんでした。

それほどまでに、日本軍の抵抗は熾烈で、日本兵は強かった。

こんな日本と、もういっぺん戦争をするのは真っ平だ。

近代戦争史は、復讎戦の歴史です。

イエナで負けたプロイセンは、ナポレオンにさんざん痛めつけられました。それから後のプロイセン人は復讎の鬼。例えば、ブリュッフェル元帥。「余《わし》は、ナポレオンには敗けるがナポレオン以外のいかなるフランス将軍にも負けない」「討ちてし止《や》まん」。ウォータールー戦のときなんか、重傷を負ったうえ重病でしたが、「余《わし》の身体を馬にしばり付けろ。砲声の聞こえる方向へ連れてゆけ」。

普仏戦争（プロイセンとフランスの戦争。一八七〇～一八七一）後のフランス人も復讎の鬼。フランスの対独報復戦は、あまりにも当然すぎることですので、誰も疑う余地がありません。ビスマルクも、同盟政策をおこなうときには、フランスは必ず敵にまわるという前提の下でおこなわざるを得ませんでした。

第一次大戦後のドイツも同様。ヒトラーが天下を取った一つの理由はドイツをしめつけている「ヴェルサイユ体制」の打破です。つまり、恨み重なる英仏への報復です。

例はこのくらいでいいでしょう。

日本軍とは対蹠《たいせき》的に、戦争史研究をとくに重んずるアメリカ軍は、胆《きも》に銘じていたことでしょう。日本は必ず対米報復戦をやるだろうと。

それに、もうひとつ。インディアン戦争の体験です。

ジェロニモでも誰でも、インディアンの首長が無条件降伏します。これでやれやれと思いたいところですが気を許したらたいへんです。隙《すき》を見て反乱を起こします。

日本は、インディアンとは比べものにならないほど有力です。日本軍の強さについては、身にしみて感じています。日本軍と、もういっぺん戦争をするなんて嫌だ。何がなんでも、日本に復讐を断念させなくては。そのためのマインド・コントロールをしなくては。洗脳をしなくては。

この頃は、一九四九年の中国人民革命の前ですし、カルト教団は現れていません。「洗脳」、カルト教団による「マインド・コントロール」などという用語《ターム》はまだありませんでしたが。

要するに、アメリカによる「マインド・コントロール」の結果。あるいは、そのための手段。それが日本史の捩《ね》じ枉《ま》げ。あるいは日本史の汚染です。

アメリカがとくに脅威を感じて、これだけは何とかしなくてはと思ったのが、玉砕と特攻です。

近代の軍隊は、もう抵抗しても意味がないと覚《さと》れば降伏します。日本だけが例外で、誰が見ても絶望的な状況下でも、あくまで抵抗を続けます。そのために米軍は多大の出血を強いられました。硫黄島戦闘のすさまじさについて、ある評論家は、真珠湾奇襲のようなかたちで戦争が始まっていなければ、これで講和の話が出たであろうと言っています。

特攻。

決死隊までは欧米人も理解できますが、特攻となると何ともかんとも、欧米人にはまったく理解も何も絶します。

玉砕と特攻。

日本人は何故《なぜ》、これほどまで戦うのだろう。

アメリカ人は研究しました。

アメリカの日本研究。戦争中、急速にレヴェル・アップしたことは刮目《かつもく》に値します。例えば、ルース・ベネディクトの『菊と刀』は、日本人にも評価されています。なかには見当ちがいの仕事もなくもありませんでしたが、当時の社会科学力を総動員して日本研究にうち込んだのでした。

結論は。

日本人は天皇を神であるとして信仰しているから、天皇の命令となると、玉砕でも特攻でもやるのだと。ゆえに日本軍は、とてつもなく強いのだ、と。

そこで、日本に報復戦争をやらせないためには、天皇信仰をうち破ることだ、と。

こう分析したのでした。

故山本七平氏に聞きました。フィリピンで降伏して米軍の捕虜になったとき、さかんに進化論を講義された、とか。

進化論を理解すれば、天皇は太陽の女神の直系の子孫（direct descendent of the Sun Goddes）なんて信じなくなるにちがいない。

アメリカ人はこう考えたのでした。

そこで、七平氏が、進化論なんかとっくに子供のときから知っているぞといってやったらアメリカ人は驚いたのだそうです。

進化論を知っているのに、何で天皇が神の子孫であるなんて信ずるのか、と。

なるほど。

アメリカでは、ときどき（昔もいまも）、進化論裁判（monkey trial）があります。

人間が猿の子孫だなんて聖書と矛盾する。瀆神《とくしん》ではないか。こう言って、ファンダメンタリスト（fundamentalist）が、進化論を教えている教師を告訴するのです。

これがアメリカ。

でも、日本人は、宗教の教義《ドグマ》を、このように考えているのではありません。

これは、アメリカ人の日本研究が見当ちがいになった例ですが。

アメリカ人と日本人の宗教観のちがいを鮮明にうちだしていて面白いと思います。


いろんな試行錯誤がありましたが、日本人のマインド・コントロールは、おそるべき威力を発揮しました。

その根本は、日本軍の軍事カリスマの徹底的破壊です。

大日本帝国は、帝国陸海軍の軍事カリスマの上に築かれたと言っても過言ではないと思います。

明治維新によって王政復古はなされましたが、天皇と帝国の威令は、まだ、一般国民には徹していませんでした。尊王の志士を中心とする武士や上層農民などにおいては、天皇イデオロギーは強烈なものでしたが、庶民の生活実感からは、まだ、距離がありました。

かの東北巡幸のとき［明治九年］でも「天皇」を「天王」（ヒンズー教の下級神が日本に伝わったもの）の一種だと思った人もいたくらいですから。「ワイワイ天王」だとか「ガヤガヤ天王」なんかの仲間くらいにしか見えなかったのかもしれません。いやそうではない、最高の神だなんて教えると、それではと、天皇が入浴なさったお湯をのむと万病が治るなんて言い出す者が現れる始末です。

田舎だけではありません。東京でも同様でした。その頃、日本に来たベルツは、日本人ほど君主に対する尊敬の念を欠く国は他に知らない、と言ったそうです。その他、あれやこれや。明治の中頃まで、狆《ちん》［小型犬］が宮城の中にすわっていて「江戸城は朕《ちん》には大きすぎる」と書いた錦絵を売っていたそうです。

その「天皇」が威風堂々たる大皇帝となり、日本国が大日本帝国となったのは、日清、日露に連戦連勝した日本軍の軍事力カリスマです。

中国（清《しん》）は、何千年にもわたって世界そのものでした。明治より前、日本人の世界観によれば、世界は、日本、中国、インドの三国から形成されていることになっていましたが、いまだかつてインドへ行ってきた人は一人もいません。だから、「インド」とは実存の国なのか、地獄、極楽のような想像上の国であるか、そこのところもさだかではありません。しかし、中国はたしかに実存します。実存する世界のすべて。それが、何千年ものあいだの日本人にとっての中国でした。その中国は、また、聖人の国でもありました。明治の中頃になっても、知人が西のほうへ行くのを送別するときなど、きみは聖人の国の近くに帰るのだからうらやましいと言って送ったそうです（尾崎行雄氏談）。制度文物、何からなにまで中国が標準だとされてきたのでした。

その中国と日本とが、正式に戦って日本が大勝したのですから。

驚天動地です。

日本軍は、これほど強いんだ。

日本軍の軍事力カリスマは確立されました。

この軍事カリスマによって、大日本帝国は成立した。この模型《モデル》について議論をしてみたいと思うのですが。

この軍事力カリスマを、さらに巨大なものとし、燦然としたのが日露戦争の勝利です。

開国した日本がとくにおそろしくてしかたのない国が二つありました。イギリスとロシアです。日本は、いつ、イギリスかロシアに併呑されるか分かったものではない。インドやポーランドのような目にあうかもしれない。

日本人は、戦々恐々として暮らしていたのでした。

例えば、

北に露鷲《ろしゅう》あり、西に英獅《えいし》あり、虎視眈々《こしたんたん》、として常に我後を窺《うかが》う。先にポーランドの分

割さるるあり、近くは印度《インド》の併呑さるるあり
（生方俊郎『明治大正見聞史』中公文庫、昭和五三年。一三九頁）

世界は、日本、中国、インドだと思っていたのに、そのインドが、気がつけば併呑されていたというのですから。

この小さな日本がいつ。

思っただけでも震えがとまりませんでした。

そのイギリスと対等な同盟を結んで、ロシアを討って日本が大勝したというのですから。

燕が鷹を取ったような話ではありませんか。

日露開戦のとき、勝利を確信した者なんかいませんでした。

とても勝てない。が、正義のためには戦わなければならない。

そして戦った。

勝った。

奇蹟です。

奇蹟《ミラクル》はカリスマを作ります。

日露戦争勝利の奇蹟によって、日本軍の軍事カリスマは、中央に赫然《かくぜん》としたものとなった。

こう思います。

大日本帝国は、この軍事カリスマによって作られた、と思えるのですが。

大日本帝国憲法の発布は明治二三年ですが、その頃は、「大帝国」なんて言ったところで名ばかりで、まだまだ。

大日本帝国は、日本軍の軍事カリスマによって作られた。

だから、軍隊に対する国民の尊敬、信頼は絶対であった。

いま頃、こう言うと、反対する人もいるかもしれません。元マルキスト、あるいは、ころびマルクス、元《もと》進歩的文化人（本当は退嬰《たいえい》的野蛮人）は、条件反射的に反感を示すことでしょう。実感の湧《わ》かない人は多いでしょう。

でも、これ、多くのデータが示すように、本当のことなのです。

例えば、関東大震災のとき、明日の運命もしれぬ被災民は、泣きながら兵営に逃げ込んだのだそうです。イザというとき、究極的にわれわれを守ってくれるのは兵隊さんだという絶対の信頼がなければ、条件反射的にこういう行動はとれません。

フランス革命のときならどうですか。血の日曜日以後（あるいは以前でも）のロシアならどうですか。

また、二・二六事件のとき、決起軍（反乱軍）は、大臣、重臣を片はしから虐殺し東京を軍事占領しました。政府は消滅し警察は動けません。暴行掠奪はほしいまま。都は阿鼻叫喚《あびきょうかん》の地獄。

誰しもこう思うでしょう。

欧米諸国や人民改革以前（あるいは以後でも）の中国ならこうなっていたでしょう。古代、中世や後進国では、ほとんど確実にこうなります。

ところが、昭和一一年（一九三六年）の東京では。

市民生活は、何の差し障りもなく、平常どおりにいとなまれていたのでした！

奇蹟か。

奇蹟です。

大日本帝国は、帝国陸海軍のカリスマによって成立している。

ゆえに、「軍隊が国民を襲う」ということは如何《いか》なる条件下でもあり得ないのです。そんなことを夢想した者すら居ませんでした。

それであればこそ、占領軍は、東京中で大人気。大臣、重臣を殺した反乱軍（決起軍）であることを知っていてもです。東京市民は、軍隊が自分たちを襲うなどということは、思ってもみなかったのでした。占領軍の規律が厳重に保たれているのかどうか。調べてみようとする者はいませんでした。

世界の常識からすれば奇想天外ながら、これが、日本軍と日本国（市）民との関係でした。「大きくなったら何になるの」「陸軍大将」「海軍大将」……小さな男の子供ならこう答えました。学者になって大発見をする、技師になって大発明をする……少しはいましたけれど、あまりいません。社長になってお金もうけをする。これはいません。まして、役者、タレント、歌手……これもいません。

女の子なら赤十字の看護婦さん。

ナポレオンの軍事カリスマが輝いていたとき、あるいは、それが思い出されたとき、フランスの子供は、ナポレオンの兵士になることを夢みていたそうですが。

日本人における「兵隊さん」のイメージは、「強い」だけではありません。「正しく」なければならない。

日本の軍隊教育では、誇りを持つことを特に強調しました。歩兵なら軍の主兵であると教え込まれましたし、憲兵なら「精鋭ほこる皇軍の、その中さらに選ばれて」とか……。「兵士は国民の手本となれ」とは教育のテーマの一つでした。

国民は、「兵隊さんなら悪いことはしないだろう」「兵隊さんなら嘘はつかないだろう」と、当然のこととして思い込んでいました。

プライドが高いせいか、日本軍の犯罪発生率は世界最低でした。

また、「犯罪」が発生したとして、例えば何を盗むのか。

まず、残飯。

これがスキャンダルの最たるものでした。

衣服、寝具、ゲートル……。そんなものを盗むことは、まず、ありません。あったとしても、目的は員数を合わせるためでして、外部に持出して着服する。これは考えられません。

銃の部品。

とんでもない。銃は、天皇陛下からお預かりした兵士の魂ですから、どんな小さな部品、よごしただけでもたいへん。なくしでもしようものなら生命にかかわります。

銃を売って代金をもうける。

日本兵がこんなことをするなんて、どんな空想的作家でも書こうとはしないでしょう。書いて持っていっても、どんなに出来ばえがよくても、ボツになるにきまっています。

読者の実感が少しも湧いてこない作品は、どうしようもありませんから。

アメリカ兵のように、日本兵が機関銃、大砲をギャングに売る。ソ連兵のように、日本兵が、戦車、ヘリコプター、潜水艦、戦艦などを外国へ売る。こんなこと絶対にありませんでした。

日本軍人は、このうえなく名誉を重んじ、日本国民もこれを期待していましたから。

昭和元年（一九二六年）、蒋介石は北伐を開始し、めざましく進展してゆきました。

蒋介石は、外国居留民の安全を保証しましたし、国民革命軍の紀律は良好とみられていましたので、わが国は無抵抗主義に徹することにしました。所詮《しょせん》、北伐は中国の国内問題です。中国を刺激しないように、陸戦隊の上陸も、できるかぎり差しひかえることにしたのでした。

しかし、三月二四日、青天白日旗をかかげて国民革命軍が入城してくると、どういうことが起きたか。スケッチしておきたいと思います。

普通、「南京事件」といえば、これが南京事件です。

児島襄氏の『日中戦争』は、次のように伝えています。

> 領事森岡正平は、国民革命軍が入城した以上は「十中八九危険ハ去リタリ」と判断した。また、不測の事態が発生しても防備兵力は少なく、「無抵抗主義」で対処する以外に方法はない、むしろ中国側を刺戟しないようにすべきだ、と考え、荒木大尉に〝武装〟撤去を求めた。
>
> 大尉は承知して、士のう、機銃を撤去して、正門も開いた。
>
> 午前七時ごろ、約三十人の国民革命軍兵士が訪ね、敗兵の所在を訊ねたが、不在という返事をきくと黙って退去した。

日本人一同がますます安心していると、約三十分後、こんどは五十人ほどの兵士が「疾風ノ如ク」領事館事務所に乱入して、警察署長木村三畩の所持品を奪い、左腕に貫通銃創をおわせた。

同時に、居合せた陸軍武官根本博少佐も腰を銃床でなぐられ、署長と少佐は領事館の病室に避難した。

二人が逃げると呼笛が吹き鳴らされ、すかさず平服の女性と青年を先頭にした兵士約二百人が、喚声をあげて領事館内になだれこんだ。

掠奪品運搬のためか、トラック、馬車、人力車までが続行した。

乱入者は、意味のない叫声やかけ声のほかに、スローガンも唱えていた。

「日英帝国主義打倒！」

「華俄（中ソ）一家！」

あるいは、中国人から奪った日本人の財産をとりもどせ、という意味の声もきこえた。

もっとも、それらスローガンの叫びは、少数の指導者のものらしく、乱入者の大部は、金をだせ、かくすと殺すぞ、といった表現をくり返しては、館内をわれがちに物色した。

領事森岡正平は、荒木大尉を自室に呼んで頼んだ。

「気ノ毒乍ラ各兵ノ階級章及帽子ノ如キ標識ヲ一時取リ去ラレ度」

領事の報告によれば、荒木海軍大尉と水兵十人は官邸北側の「ボーイ」室に退避していたが、館内の避難邦人の間から、大尉たちの軍装が中国側を刺戟する恐れがある、との意見が出たので、領事も「右ハ不得已《やむをえざ》ル要求」と判断して、大尉に要請した、という。

荒木大尉は、血相を変えた。

国家と国民を外敵から守るのが、軍人の本務である。いまや、準日本領土である領事館と日本国民がおそわれている。

それなのに、戦うな、というだけでなく、軍装も解《と》け、と領事は、いう。

軍人が軍装を解かれるのは、退官の場合を除けば、「敵ノ軍門ニ下《くだ》ル」か、犯罪行為により軍籍を剥奪されるとき以外にはない。

一戦もこころみずにそのような「恭順」姿勢を示すのは、軍人としてはあまりにも不名誉である。

いや、その種の「度ヲ過ゴシタル無抵抗主義」は、相手の自制心をさそうどころか、かえって増長心を刺戟して暴行を激化させるのではないか……。

荒木大尉は、しかし、「在留民ノ生命ガ風前ノ灯火ニモ比スベキ時」だから、と病床に深々と頭をたれる領事を凝視すると、とっさに承知した。

暴兵と暴民は、荒れ狂った。

事務所、職員宿舎、使用人室、物置きその他、館内の隅々まで先きをあらそって走りこみ、トランクをあけ、戸棚をこわして物品を略奪した。

男女の別なく、衣服を奪われ、財布、時計、指環は例外なく奪取されたほか、次々に服をぬがされて身体検査までされた。

女性の場合は、帯、タビはむろんのこと下着までぬがされて、「忍ブベカラザル」検査さえ、実施された。(中略)

女性の叫喚、悲鳴、子供の泣き声が暴兵の罵声と掠奪の騒音をさいてひびき、日本人男性たちの胸をついた。

荒木大尉と水兵たちも、あまりの無念さに気失寸前の状態となったが、ともかくも館内にいる邦人のうち五十二人が子供であり、うち十二人が乳児なので、その安全のために我慢をつづけた。

暴兵と暴民は、その子供たちからもオモチャを奪い、靴をむしりとり、フトン、家具、調度品などとともに馬車、トラックではこび出した。

領事森岡正平の病室にも暴兵が乱入し、室内の品を奪ったあと、領事のフトン、寝間着もはいで行った。

一人の暴兵が領事めがけて威嚇射撃をおこない、居あわせた邦人数人が逃げ、領事のほかに夫人、木村三畩署長、根本博少佐の三人が残った。

そして、さらに続けています。

午後三時四十分、下関《シャークワン》に碇泊中の米英砲艦が、米領事館の依頼に応じて城内に艦砲射撃を開始し、事態は変転した。

日本領事館では、五分おきに斉射される砲声を聞き、米英艦の砲撃と知ると、新たな恐怖心をかきたてられた。

「万一、日本軍艦ガ右砲撃ニ参加スルガ如キコトアラバ、城内在留日本人ハ全部惨殺ヲ免レザルベシ」

中国軍にたいする刺戟とその反動としての報復を恐れたわけだが、英領事ジャイルスは、逆に砲撃の中国側にたいする威嚇効果を期待して安堵した、と述べている。

砲撃は午後五時ごろまでつづき、約二百発が城内にうちこまれた。

小門口農業学校その他が破壊され、日本領事館裏側の畑にも一弾が落下したが、「世界紅卍会」員が下関埠頭で手旗信号して、砲撃中止をもとめた。

「砲撃ノ効果忽《たちま》チ表ハレタリ。恰《あたか》モ魔法ノ如クニ市街ハ静粛ニ帰セリ」

と、英領事ジャイルスは砲声とともに街の騒音も消えたことを喜んだが、日本領事館では、なお「不安其ノ極ニ達シタ」ままであった。

森岡領事は、決して日本側は砲撃に参加してくれるな、そのような「武力的直接行動」をとれば「城内在留民ノ生命尽《ことごと》ク之ガ犠牲ニ供セラル」ことになる、との趣旨の手紙を書き、中国人二人に第二十四駆逐隊司令吉田建介中佐にとどけさせた。

のちに二人は軍艦を訪ねなかったとわかったが、当時はひたすら二人の「信義」に依存して、吉田中佐との連絡確保を祈念するだけであった。

その夜、午後九時、南京南方の揚子江上の軍艦「楚同」で事件を知った蔣介石は、参議林石民を蕪湖の日本人領事館に派遣して全責任をおって事件を解決する、とつたえた。

（共に児島襄『日中戦争Ⅰ』文春文庫）

この「南京事件」の責任者はだれでしょうか。もちろん、蔣介石です。彼が、国民革命軍の紀律は良好であるから居留民の安全を保証すると言ったればこそ、安心して、彼に治安維持をまかせたのでした。中国を刺戟しないよう陸戦隊の上陸はできるだけ控えたのでした。

それなのにこのありさまです。この頃の中国軍は、正規軍であれ何であれ、戦争に掠奪はつきものです。そんなことは、蔣介石は百も承知であったのですから、居留民保護にもっと力を注ぐべきでした。居留民を虐殺して列強とことを構えれば北伐のあやうくなることを知っていたのですから。もし、居留民保護に充分な責任をもてないというのであれば、仕方がありません。事前に各国の守備責任者と充分に協議するべきでした。もっと守備隊を増強して、自ら守ってくれ、と。

そのいずれもしないで事件が発生したのですから、責任は明らかに蔣介石にあります。蔣介石の責任はともかくとして、日本側の責任者は。

森岡領事です。

森岡氏の過度の無抵抗主義が惨事を生んだのです。

兵力はすくなくても、日本軍が断乎として戦えば中国側は避けます。領事でありながら、中国軍の習性について、そのくらいのことを知らなかったのでしょうか。不勉強に過ぎます。北清事変（明治三三年＝一九〇〇年）のときにも、寡兵《かへい》よく領事館を死守したではありませんか。中国兵は突貫をしませんから、少数兵力でも敢然と闘えば死守可能なのです。森岡領事は、この歴史的事実を知らないのですか。のちに上海事変においては、一〇〇倍以上の中国軍と闘って居留民を守りとおしました。

断乎として死守すべきでしたが、この兵力ではどうしても守り切れないというのであれば、増援を要請すべきでした。

それをしないでおいて、この兵力では守りきれないからと、「度ヲ過ゴシタル無抵抗主義」で暴行を激化させた責任は森岡領事にあります。

また、暴行が激化したとき、米領事とはちがって、砲艦に城中に対する艦砲射撃を依頼しませんでした。

米英領事は威嚇効果に期待したのでしたが、日本領事は報復による惨殺をおそれたのでした。結果は。

米英領事の判断が正しいことが証明されました。

それだけではありません。日本人は腰抜けで、どんなに暴行されても抵抗しないということが知れたものですから、侮日の種がもうひとつまかれました。

森岡領事の誤った判断によって惨事は起き、拡大していったのでしたが。

しかし、無責任は日本外交官の常。昔も今も。切腹なんかしません。

しかし、日本軍人は誇りたかくプライドを重んじます。

荒木亀雄大尉は、不名誉な無抵抗を余儀なくされたと自決したのでした。

軍人は名誉を重んじ、日本軍は正義の軍隊である。

この教義《ドグマ》が大日本帝国を支えていました。軍事カリスマが作った国でしたから。

このことを、しっかりと念頭におきますと、「南京大虐殺」のショック。どれほどのものかお分かりのことと思います。

日本の根底たる軍事カリスマは一気に破砕されました。

アメリカの狙いは、まさにそこにあったのでした。

欧米人や中国人とはちがって、「大虐殺」は日本人にとって異様です。考えも及ばないことです。

その大虐殺を、正義の軍隊日本軍がやったというのですから。このうえなく名誉を重んずる日本軍人が、これほどの大罪を犯したというのですから。

急性《アキュート》アノミー（acute anomie）です。

規範《ノルム》もルールも分解して、集団は解体してゆかざるをえません。

イエス・キリストは神の子ではなくて、実は、悪魔ベルゼブルの子であったなんていうことになったらキリスト教はどうなります。釈迦《しゃか》は、実は、悪魔波旬《はじゅん》の娘と結婚していたなんていうことになったら、仏教徒はどう感じますか。

急性アノミーになると、確実に集団の基礎はくずされ、今までに夢想もしなかったことがつぎつぎと起きてきます。

スターリンのカリスマが健在なときには、ソ連は躍進、躍進また躍進。独ソ戦に勝ち、世界第二の経済大国にのしあがりました。共産圏諸国は一枚岩を誇り（但《ただ》し、チトーのユーゴは例外）、結果は微動だにしないかに見えました。

それなのに。

一九五三年のフルシチョフによるスターリン批判以後は。

スターリンはカリスマを奪われ、急性アノミーが発生し、ソ連は転落の歴史をたどったではありませんか。

世界第二の経済大国にまでのし上がったソ連経済は急速に凋《しぼ》んでゆきました。中ソ論争、ハンガリー事件、チェコ事件と一枚岩には罅《ひび》が入りました。

そしてついに、ゴルバチョフによって、「マルクス・レーニン主義すら絶対ではない」と論じられるに及んで、急性アノミーは極点に達しました。

それから後のソ連は、ご存じのとおり、急坂を転がる巨石のごとし。

このことを思い出してください。

げにおそろしきは急性アノミーなるかな。

現在日本をむしばんでいる急性アノミーたるや、病《やまい》、膏肓《こうこう》に入《い》ったというか、カリニ肺炎がでたエイズというか。命旦夕《たんせき》に迫っていると言うべきでしょう。

急性アノミーのあらわれとして、自社連立事件、金融（安全信用二信組）破綻事件、カルト教団事件などを挙げましたが、将来、ますます深刻な事件が続発するにきまっています。もっと強力で、ずっと有能な指導者にひきいられたカルト教団がクーデターに成功して日本をのっとるかもしれません。殺人が日常茶飯事になるかもしれません。

現在日本における急性アノミーの最も端的《たんてき》なあらわれは、親子殺し合いの家庭内暴力、全国にすっかり瀰漫《びまん》しきっている「いじめ」にあると思います。

これらのことについては、教育問題を考えるときに論じたいと思うのですが。

まずは、急性《アキュート》アノミー発生の根源たる「南京大虐殺」その背景にある「東京裁判」の正体を明らかにしたいと思います。

本格的に論ずるにさきだって、「南京大虐殺」は、いつ、どこから、どう出てきたのか。

周知の人も多いでしょうが、念のためにスケッチしておきたいと思います。

「南京事件」「南京大虐殺」が登場するのは、「東京裁判」（極東国際軍事裁判）においてです。

それより前には、影もかたちもありませんでした。

では何故《なぜ》、東京裁判にいきなり「南京大虐殺」が出現してきたのでしょうか。

現在ではいろいろと研究が進み、真相は明らかにされてきています。

「人道に対する罪」をでっち上げるためです。

「人道に対する罪」は、それまでの国際法に全くありませんでした。「平和に対する罪」も同様です。

では何で、そんな罪を創作する必要があったのでしょうか。

その必要性は、「ニュルンベルク裁判」をコピーする必要から生じました。

ニュルンベルク裁判の背景にあるのは、アウシュビッツにおけるユダヤ人の大虐殺です。

戦争中の「ユダヤ人の大量虐殺」に対する連合国民の憤激は爆発しました。予想もつかないほどの前例のない大虐殺を不問に付しておいてもよいものだろうか。

連合国の人びとのあいだに、この空気が盛りあがりました。

国家の戦争責任によって個人に刑罰を科する。

この考え方は、それまでの国際法にはありませんでした。前例もありません。

最大の難点は、事後法《じごほう》による裁判であることです。

事後法による処刑。

これは、近代法最大のタブーです。

それがなされた当時犯罪でなかった行為を、法を後から作って刑に処す。これは絶対にあってはならない。

近代法の根本原則です。これを不遡及《ふそきゅう》（さかのぼらない）の大原則といいます。

人権宣言（一七八九年）も明言しているではありませんか。ひとは「違反より前に確立し、かつ公布された法律によってのみ処罰される」（権利宣言第八条）と。

事後法による処罰は、人権宣言を無視することです。

アメリカ憲法は、いかなる遡及《そきゅう》刑法も、明示《イクスプリシトリー》的に禁止しています（第一条　第九項三）。

憲法に明示してもしなくても（成文憲法をもたない国だってあるのですから）、不遡及の大原則を否定する近代国家はあり得ません。

この大原則を否定したら最後、権力者の恣意《しい》から国民を守ることができなくなってしまうではありませんか。リベラル・デモクラシーの死です。

何がどうなっても、デモクラシー諸国は、この大原則だけは死守しなければなりません。

それなのに、ニュルンベルク裁判では、不遡及の大原則が蹂躙《じゅうりん》されてしまったのでした。

果然、猛反対が起きました。例えば、公正な政治家としてキャピトル・ヒルに記念碑を残す、かのロバート・タフト上院議員は、事後法による処刑は絶対に間違っていると、断乎としてニュルンベルク裁判に反対したのでした。

しかし、大原則の大旆《たいはい》をかかげてみたところで、ユダヤ人を含む連合軍の人びとの猛烈な怒りはおさまりっこありません。

ホロコースト（ユダヤ人大虐殺）ほどの大罪を、それも罰する法律がないという理由によって、目溢《めこぼ》しにしてしまってよいものか、と。

事後法による処刑の厳罰は、権力者の恣意《しい》から国民を守るためのものである。国民の権利を守るためのものである。

それが大切であることはよく分かるが、この大原則にだけ固執することによって、正義が否定されたらどうするんだ。

こう論ずる人も多かったのでした。

従来の国際法に、国家の戦争責任によって、個人に刑罰を科するという規定がないというのならば、新しく作ればいいではないか。

そのような新しい動きが、それまで、全くなかったわけでもありませんでした。

連合国とドイツとのヴェルサイユ講和条約の第七編二二七条~二三〇条の刑罰規定です。この規定によって、前ドイツ皇帝《カイゼル》ウィルヘルム二世を、「国際道義と条約の神聖を傷つけた最高の犯罪について」訴及しようとしたのでした。

カイゼル裁判をめぐって大論争がまき起こりました。

もちろん、最大の争点は、不遡及の大原則をめぐってです。

この大原則を認めれば、カイゼル裁判は、はじめから論外となります。

カイゼル裁判を主張する人びとは、左のように論じました。

不遡及の大原則は、国内における刑法の原則であって国際法の原則とまで言えない。国内法と国際法とでは、ちがった発展段階にある。

近代国家は、主権国家として成立しました。国内における主権は絶対です。主権者は、「宇宙において、神が何ごともなし得るがごとく」、主権下の領域においては、なにごともなし得るのです。リヴァイアサンより恐ろしい怪獣。それが近代国家における主権者です。

この恐ろしい主権者から人民（の権利）を守るために近代リベラリズムは発達してきました。

その一つが、刑法における不遡及《ふそきゅう》の原則です。事後法による処罰を禁止する原則です。

そんなことを許していた日には、おそろしい主権者は、勝手に国民を処罰することができるではありませんか。あいつの面構《つらがま》えが気にくわんというだけの理由によって、勝手に人を処刑することだってできるではありませんか。

こんなことでは、人民は、いつも主権者の恣意《しい》におびえていなくてはならないではありませんか。

しかし、国際社会にはまだ、主権国家のうえの絶対「主権」というものはありません。

リヴァイアサンは、まだ生まれていないのです。

このことに注意して、「国内の刑法の原則をそっくりそのまま通用するのには問題がある」、こう論じた学者もいました。

その他、事後法の原則に反対する学説としては、未曾有の残虐行為が行われたのだから未曾有の立法で仕方がないではないかという説もあります。この理由によって不遡及の原則に例外を設けようとする学説としては、例えばイェーリングがいます。

この説は、第一次世界大戦後の戦争裁判のときには用いられませんでしたが、ニュルンベルク裁判、東京裁判の正当づけのために用いられた諸説の源泉となったことは記憶しておく価値があると思います。

第一次世界大戦のときにはいろいろと議論もありましたが、ドイツ政府は、ヴェルサイユ講和条約の刑罰規定（二二七条〜二三〇条）の署名を保留しました。

オランダ政府は、オランダに亡命しているカイゼルの引きわたしを拒否しました。

第一次大戦後のカイゼル裁判は行われませんでした。

当時の国際法が、国家の戦争責任を国王の刑事責任を問うという段階ではなかったことにもよります。

また、ドイツの「残虐行為」といったところで、連合国もいろいろと行った「残虐行為」と、本質的にそんなにちがわないものであることが、その後の研究で次第に明らかになってきました。

従来の戦争犯罪とは、決められた戦争法規（例・一九〇七年のハーグ陸戦条約など）に個人的に違反した個人の行為です。

国家の条約違反、道徳違反に対する個人の刑事責任を問うという「戦争犯罪」の考え方は、まだ、確立はされませんでした。

ニュルンベルク裁判には、全く新しい戦争犯罪概念が導入されたのでした。

その背景にあるのが、アウシュビッツなどのホロコースト（ユダヤ人大虐殺）です。

すでにイェーリングは未曾有の残虐行為には未曾有の立法もありうるとし、事後立法もありうると論じたのでしたが。

「アウシュビッツの大虐殺」ともなりますと未曾有も未曾有、「例を絶するだけではなく、誰も考えてもみなかった大虐殺である」と、ユダヤ人を含む連合国の人びとは論じました。連合国だって、「残虐行為」をしなかったとまでは言えまいが、そんなものとは同日の談ではない。

連合国は、こう論じました。

今までの国際法にはなかったからとて、放置しておくわけにはゆかない。

新しく国際法を作ってでも、断乎として処罰する。

こう考えるようになってきたのでした。

では、どのような新国際法を作ったのでしょうか。

それが、「平和に対する罪」と「人道に対する罪」です。

ヒトラーは、世界制覇をめざして、後からあとからと、征服の進軍（March of Conquest）を続けてゆきました。

これが、「平和に対する罪」です。

また、アウシュビッツの大虐殺を罰するために新造された罪、それが「人道に対する罪」です。

このようにして、「ニュルンベルク裁判」は行われたのでしたが、この「ニュルンベルク裁判」を、そっくりそのままコピーしたのが、東京裁判です。

こんな乱暴な話はありません。

「ニュルンベルク裁判」と「東京裁判」とでは裁判としての性質がまるでちがいます。それらの背景となる戦争の仕方、政治のありかたとなると、もっとちがいます。

たいへんなちがいを全く無視して強引にコピーしてしまったのですから、いたるところに無理が充満しています。

何故《なぜ》、無理にコピーしたのでしょう。

急いだからです。

「東京裁判」の記録を読んで、まず印象的なことは、裁判の進行を急いでいることです。急げや、急げや。

東京裁判はべらぼう、メチャクチャな「裁判」です。とても裁判なんて言えたものではありません。

ところが、「東京裁判史観」は深く広く、日本人の意識も無意識も呪縛しています。何か言ったり考えたりするときに「東京裁判史観」を前提にしている。日本の歴史はみんな悪いんだ。罪悪の歴史である。こういう考え方を前提にしている人が実に多いんです。

東京裁判史観の打破こそ、急務中の急務です。

では、「東京裁判」は、どのようにべらぼうムチャクチャか。

つぎに、一つひとつ論じてゆきたいと思います。

ニュルンベルク裁判のコピーなんですから、グロテスクとも何とも。

戦争も政治も、日本とドイツでは、まるでちがっていました。それをいきなり、いっしょくたにするんですから。

国際法によっては、A級戦犯は裁《さば》けません。

仕方がないので、ムリヤリに発明してもってきたのが、「平和の罪」と「人道の罪」。

それも、ニュルンベルク裁判用に発明したのを、そっくりそのまま東京裁判にもってきたのですから、ゴリラの首を人間に移植したほどグロテスク。

外国を「侵略」した罪を、「平和の罪」として裁こうという主旨なのですが、ドイツと日本とでは、何もかもちがっています。

ドイツはすべてヒトラー総統の意志決定によります。

他の人が口をはさむ余地は全くありません。

ナンバー2のゲーリングすら言っているではありませんか。

ヒトラー総統が意志決定をするときには、何をしているのか、と問われて、いわく。ただ、だまって、地面の蟻でも見ている他はないんだ、と。

ゲーリングすらかくのごとし。

ゲーリングでもヘスでも誰でも、ヒトラー総統が決断するときに口を挟む者なんか誰もいません。いる筈《はず》もありません。

ヒトラー総統が意志決定すると、ゲーリング以下の人びとは、そのとおりに行動します。異議をさしはさむ者は誰もいません。ただひたすらにそのとおり。ただ拳々服膺《けんけんふくよう》。

ドイツ国は、統一された意志の下。目的合理的に、征服の進軍を続けたのでした。

日本は。

満洲事変から終戦まで（一九三一～一九四五年）、内閣は一二回も変わりました。

統一した意志なんかありません。目的合理的でもありません。

あっちへ行ったりこっちへ行ったり。行きつもどりつ。

これほどまでにちがった日本とドイツとを同じ法理で裁こうっていうんですから。

破壊活動防止法で売春をとりしまる以上にグロテスクです。

東京裁判で活躍したのが「共同謀議」です。これには、被告たちも呆《あき》れはてました。荒木（貞夫）大将は、「会ったこともない、顔を見たこともない人間と、何で共同謀議ができるんだ」と言いましたが、誰だって同感でしょう。

検事は「共同謀議」を証明しなくてはなりませんから、膨大な資料をもってきて証明しようとしました。

でも、「共同謀議」なんていう事実は、あるわけがないんですから、どれもこれもナンセンス。

こじつけにすらなっていません。

例えば、被告たちは、侵略のために、共同謀議して軍備をととのえた、と。

たしかに、日本が軍備をととのえたという事実はあります。

でも、そんなことが共同謀議の証明になりますか。罪になりますか。

この当時は、戦争の気配がしてきましたので、どの国も多少の軍拡をしていました。

そのために共同謀議の必要がありますか、どんな罪になりますか。

レーガンは大統領になるや、一大軍拡にのりだしました。それで、共同謀議の疑いをかけられましたか。彼に「悪魔の帝国」とまでののしられたソ連ですら、レーガンの軍拡は「平和の罪」だ、なんて批判はしていません。

この一例を見ただけでも、東京裁判が、まったくナンセンスで裁判の名に値しないものであることがお分かりのことと思います。

ニュルンベルク裁判のテーマの一つは、ホロコースト（ユダヤ人大虐殺）です。

ホロコーストなくしてニュルンベルク裁判なしとまで言えるほどの大テーマです。

しかしそれまでの国際法には、ジェノサイド（民族鏖《みなごろし》）を禁止する規定はありませんでした。ジェノサイド（防止、処罰）条約が、国連総会で採決されたのは、戦後一九四八年一二月九日です。

しかたがないので、「人道の罪」を発明しました。

こういう事情で出来たものですから、「人道の罪」とは、ホロコースト用、ジェノサイド用なのです。

これをそっくり、東京裁判にもあてはめたのでした。従来の戦争犯罪概念ではA級戦犯は裁けませんから。

それゆえ、「人道の罪」たるや、途方《とほう》もなくグロテスクです。まったく未知の人間と共同謀議する以上にグロテスクです。

ジェノサイドという考え方が、日本にはないのですから。

ジェノサイドとは、欧米もしくは中国の概念です。

「ジェノサイド」というとヒトラーの発明だと思うかもしれませんが、そうではありません。ずっと昔からおこなわれています。イスラエル人は、カナンに住んでいた三一の民族をジェノサイドしています（『ヨシュア記』）。大航海時代に、スペイン人、ポルトガル人がジェノサイドした異教徒は、数かぎりありません。いや、イギリス人、フランス人もさかんにやりました。イギリス人がオーストラリアへ行ったとき、ハンティングしたいけど、ろくなけものがいません。コアラではもの足りないし。しかたがないので、タスマニアの原住民をハントして皆殺しにしてしまいました。フランス人は、カリブ海のマルティニーク島の住民を皆殺しにしました。そしてアフリカから黒人をつかまえてきて奴隷にして経済開発をしました。

例は二つでいいでしょう。ヨーロッパ人によるジェノサイドは枚挙にいとまがありません。

中国では、ジンギスカンは、漢民族を鏖《みなごろし》にして、中国の土地で羊を飼う計画をたてたのでしたが、耶律楚材《やりつそざい》が反対したので思いとどまりました。当時の蒙古人は、ジェノサイドが好きでした。

ヒトラーは、ジェノサイドをしようとしましたが失敗しました。スターリンは、それに近いことをやっています。

でも、日本には、ジェノサイドという考え方がありません。

神話でも、降伏した異民族は、首長を含めて必ず許しています。西のほうの国ぐにとはちがって、皆殺しにしたという例は一つもありません。

ニュルンベルク裁判における「人道の罪」とは、畢竟《ひっきょう》ジェノサイドの罪です。

しかし、日本にはジェノサイドはありません。

これは困った。

無《な》いものはでっちあげれば。

かくて捏造《ねつぞう》したのが、「南京大虐殺」です。

ムリヤリに捏造したものですから、無理が目立ちます。

判決は、検事側の「証拠」だけを採用して弁護側の証拠を採用していません。

これだけでも、どうしようもない不公平な裁判であることをお分かりだと思うのですが。

が、実体は、それどころではありません。

いちばん大切な、決め手となる証拠は、法廷に持ち出すことさえ許されなかったのでした。

何と不公平なと憤慨《ふんがい》する人がいます。

いや、公平も不公平も、こんなことだと、てんで近代裁判の体をなしていないのです。近代刑事裁判では、裁判官は、もちろん、公平でなければなりません。しかし、中立であってはならないのです。裁判官は検事の味方か被告の味方か。

被告の味方です。

近代裁判は、「検事の裁判」であると言われています。

裁判官は、検事が提出する「証拠」を検討し、論理を調べ、実体的に、方法的に完璧《かんぺき》であるかどうか調べます。

ほんのちょっぴりでもキズがあれば。

被告は無罪。

政治権力の中にあって人民の権利を行政権力から守るために、決定的に重要な役割を演ずるもの。それが司法権力です。司法は、行政から国民を守る壁。これが、デモクラシーの基本構図であります。ここにいう司法とは、裁判（所）である。このように裁判の主機能は、行政権力から人民（国民）の権利を守ることにあるのです。

この裁判の主機能は、検事裁判において端的《たんてき》に作動します。それゆえに、デモクラシー諸国における刑事裁判は、その基本において左のかたちをとります。

行政権力の代理たる検事と、被告（および、その代理たる弁護人）とのまったく対等なる論争。しかも、その論争を通じての論証。では、裁判官の役目は、公平で中立的なアムパイア（仲裁人《ちゅうさいにん》）と言えば、誰しも納得するでしょう。だが、本当のところ、理解がここで止まっているようだと、デモクラシー諸国における裁判を理解したことにはなりません。

裁判官は、公平でなければならない。たしかにそうでなければならない。が、中立ではない。なんて言えば、あっと驚く。中立でないとすれば、どちらの味方か。検事の味方か。

昭和二四年一月一日に改訂されるまでの古い刑事裁判手続きにおいては、裁判官は検事の味方でした。同僚でした。犯罪を捜査して、検察官は容疑者の容疑を証明する証拠をいろいろと集めて、これを整理して一件記録《いっけんきろく》（検事の聴取書、捜査報告書、司法警察官の意見書など）として裁判所に渡す。裁判官はこの一件記録を検討して、ハテこれはどういうことかナアとか何とか言って裁判を開く。こんな按配《あんばい》だから、検事や裁判官が、その意識においてどれほど公平を期《き》そうとも、その役目において一心同体なのです。

行政官僚たる検事が、裁判所の機能を簒奪《さんだつ》する。こうなったが最後、デモクラシーはケロリと死ぬ。裁判所こそ、行政権力の恣意《しい》から人民（国民）の権利を守る城塞《じょうさい》であるからです。これが、デモクラシーの公理。

ところが、このデモクラシーの公理をほとんどの日本人は知らない。マスコミも知らない。検事も知らない。弁護士も知らない。誰も知らない。大多数の日本人はデモクラシーの初歩の入門の手解《てほど》きを知らない。そこまで言い切ってしまっても、中《あた》らずと雖《いえど》も遠からず。いや、ピッタリと中《あた》っているのではないでしょうか。

デモクラシー裁判であるかないか。そのための判定条件を一言で言われたら何と答えますか。正解は、刑事裁判において、裁判官が被告の味方であること。これです。もちろん、裁判官は公正でなければならない。しかし、中立であってはならないのです。行政権力である原告（検事）から被告（の権利）を守る。これが、デモクラシー諸国における裁判官の役割です。

クイズを追加。裁判とは誰の裁判ですか。裁《さば》かれる人は誰ですか？

「被告」と答えた人は落第。この人は、デモクラシーを少しも理解していない。

「犯罪者」なんて答えたら、これはもう、どうしようもありません。「落第」どころではすみません。早速、退学を命ずるほかありません。裁判が終わるまでは、どこにも「犯罪者」なんかいません。どんなに重い罪の容疑をかけられても、判決が下りて確定するまでは、無実の人と見做《みな》されなければならない。

裁判で裁かれる人とは、「検事」であります。デモクラシー裁判とは、検事への裁判である。なんて断言したら、あっと驚く人もいるかもしれない。

そうでなくて、裁判官が検事の味方だと、ストレートにこれ、デモクラシーの蹂躙《じゅうりん》です。

さて、南京事件について、事実と法と、両方から考えてゆきましょう。

事実のほうでは、いろんな人の研究によって、結着がついたか、つきかけていることはよろこばしいかぎりです。ずいぶん長く論争されたのでしたが。

法的には、まだ誰も論じていないのは、奇妙な話ではありませんか。これほどの争点《ポレミック・イシュー》(polemic issue)だというのに。そのさわりについてはすでに論じましたが、ここではより本格的に論じたいと思います。

「殺した」といっても、相手が戦闘員ならば問題はないわけです。では戦闘員と非戦闘員とは、どこでどう区別するのか。

「日本は捕虜を殺した」なんて言われています。

では、捕虜とは何か。

はじめに注意しておくべきことは、捕虜になるとは、たいへんな特権であるということです。誰でも無条件で捕虜になれるものではありません。ここがポイント。

では、捕虜になれる条件とは。一昨年〔一九九三年〕、色摩力夫氏と著した『国民のための戦争と平和の法』から抜粋します。

まず、迂遠《うえん》なことかもしれませんが、基本の基本から始めたいと思います。捕虜に関する国際的なルールは、戦時国際法の中の一分野、「戦時法規」の重要な部分です（なお、「戦時法規」は、最近は「国際人道法」とも呼ばれています。しかし、この新しい呼称は婉曲語法もいいところで感心しません。なぜならば、次元の異なる「人権」に関する国際法の分野と、混同する恐れがあるからです）。それでは、具体的にはどこに規定されているのでしょうか。いかなる文書を読めばよいのでしょうか。そこには、現在、本当に効力があり、国際社会で直接妥当している慣習法乃至《ないし》「条約」はどれかということを、厳密に吟味しながら特定しなければなりません。つまり、専門用語で言えば「現行法」は何か、「適用法規」はどれかという前提問題です。この前提問題は、国際法のみならず、いかなる法の分野でも意外とややこしい問題なのです。よほど精密に検討しないと、うっかり間違えることがあります。専門家と自称している人でも間違いを冒すことが少なくありません。十分の注意を要します。

「戦時法規」の現行法の基本的骨格は、⑴一九〇七年の「陸戦法規」、及び⑵一九四九年の「ジュネーヴ四条約」の二つです。もっとも、これらの呼称は、通称です。（中略）そして、この二種類の「条約」を骨組みとして、種々雑多な枝葉が沢山あります。たとえば、「毒ガス使用禁止議定書」「細菌兵器禁止条約」「文化財保護条約」等々です。

また、参考までに述べておきますが、前に述べた「ジュネーヴ四条約」を補完するものとして、一九七七年に追加議定書が二つ成立しました。それは、国際的武力紛争即ち戦争の場合の「第一追加議定書」と、非国際的武力紛争即ち内乱の場合の「第二追加議定書」の二つです。しかし、この二つは、わが国は批准しておらず締約国ではないので、わが国に対しては、法的拘束力はありません。

また、イギリス、アメリカ、ドイツ、カナダなどの主要国が批准をさし控えており、フランスの如きは、第二追加議定書のみを批准して、戦争のための第一追加議定書の批准を拒んでいます。アジア、アフリカ、ラテンアメリカでも未批准国が少なくありません。つまり、国際的にかなり問題のある条約なのです。従って、未だ国際社会一般に受諾された法的ルールとはなっていないと割り切ってよいでしょう。せいぜい、国際社会における一種の立法政策の傾向がうかがえるものとして参考にすれば、必要にして十分です。

戦時法規は、人間の極限状況においても妥当する最小限の法的基準を意味するものですから、国際社会に広く受け入れられなければ法とは言えぬと判断するのが無難というものです。主要国の中で原則上の反対があるものなら尚更です。しかも、わが国は形式の上でも、批准していないのですから、いかなる意味でも法的に拘束されるものではありません。

なお今年［一九九三年］の八月三十日から、ジュネーヴにおいて、「赤十字国際委員会」主催の「戦争犠牲者の保護に関する国際会議」が開かれました。それは、最近、国際社会において戦時法規の遵守に問題があるからです。その目的は、戦時法規の再確認とその普及啓蒙です。そして、「赤十字国際委員会」としては、一九七七年の二つの「追加議定書」の未締結国に対して、その速やかな批准を呼びかけています。特に、安保常任理事国のアメリカ、フランス及びイギリスがこのアッピールの対象となっています、しかし、当然わが国もこの「未締結国」の中に入ります。この際、わが国も批准すべきか否か大変微妙で複雑な問題ではありますが、少くとも真剣に再検討してみるべきであることは疑いもありません。ましてや、戦時法規の普及啓蒙のチャンスでもあるのです。しかるに、今回の議会の開催は、わが国では事前に一片のニュースにもなりませんでした。それは、国際社会からみれば、大変おかしな話だと思います。

さて、念のため繰りかえして言いますと、現行の「戦時法規」の基本的な枠組みは、一九〇七年のハーグ陸戦法規と、一九四九年のジュネーヴ四条約との二本の柱です。しかし、その法的拘束力の形式的な根拠がそれぞれ違うのです。微妙な問題ですが、実際の適用の際に、この点を十分にふまえておかないと間違いを犯す恐れがありますから気をつけて下さい。

その差異とはこういうことです。即ち、国際社会のコンセンサスによれば、「一九〇七年の陸戦法規」は既に慣習法となっているので、明示的な締結手続をとっていない国でも当然に法的に拘束されます。ですから、第二次大戦後の多数の新興独立国も、当然にそこに規定されているもろもろの法的義務を受諾していると見做《みな》されます。

これに対して、「一九四九年のジュネーヴ四条約」は、未だ慣習法となっていません。それ故、批准、加入、継承などの締結手続をとっていない国は法的に拘束されません。しかし、実際問題として、今や、この条約の締約国になっていない国など大変珍しく、殆どすべての国が入っています。法王のお膝もとのバチカン市国も批准しています。朝鮮半島の二つの分裂国家も、仲良く一緒に入っています。これほどユニバーサルな多数国間条約は他にないでしょう。

それでも、「一九四九年のジュネーヴ四条約」の締約国ではない国はないことはないのは確かですが、そのような国でも、慣習法の法理によって、「一九〇七年のハーグ陸戦法規」の法的拘束力は当然に受けているのです。つまり、「戦時法規」の基本は、全く例外なく、国際社会に妥当していると断言して差支えありません。

ところで、一九四九年の「ジュネーヴ四条約」とは何かを、ごく大雑把にでも、ここでみておきましょう。それは、既に説明したように、⑴陸上における傷病者の保護に関する条約（第一条約と略称する）、⑵海上における傷病者の保護に関する条約（第二条約と略称する）、⑶捕虜の待遇に関する条約（第三条約、または捕虜条約と略称する）、⑷文民の保護に関する条約（第四条約と略称する）の四つです。

さて、いよいよ本論の「捕虜」の問題に入ります。

捕虜の取扱いに関する現行法は、つまり現時点で適用すべき法的ルールは、「一九四九年のジュネーヴ第三条約」通称「捕虜条約」です。「陸戦法規」にも捕虜の待遇などの規定が書かれてありますが、これは、その部分がそっくり、「後法」であるこの「ジュネーヴ第三条約」によって置きかえられたと見做して構いません。また、一九七七年の「第一追加議定書」にも捕虜の規定がありますが、前述のように未だ法となったものとは必ずしも言えないので、単に参考とすれば足ります。

実際に作戦の行われている地域、現実の戦闘が行われているか、すぐにも行われようとしている地域即ち戦場には、細かい例外的な事例を除いて大胆に割り切ってみれば、およそ国際法上三種類の人間がいることになります。即ち、(1)戦闘には直接関係のない一般住民（戦時法規では「文民」と呼んでいます）、(2)戦闘行為に従事している「戦闘員」の二つに大別される他に、(3)戦闘行為に従事していながら戦時法規の定める要件をそなえていない「非合法」の戦闘員がありえます。敵方の権力内に陥った場合には、(1)一般住民であれば、文民としての保護が与えられ、(2)合法的戦闘員であれば、名誉ある捕虜として待遇され、そして、(3)非合法的戦闘員と認定されれば、戦争犯罪人として遇される恐れがあります。

ですから、ここで重要なポイントは、銃をとって戦う者が合法的戦闘員として認められる要件とは何かということです。つまり、「捕虜」イコール「合法的戦闘員」という図式をしっかり理解しておくことです。

一九四九年のジュネーヴ第三条約の第四条は〔捕虜となるもの〕を規定した条文です。いろいろと複雑なことが書いてありますが、われわれ一般国民としては、その基本的なことを知れば足りるでしょう。思い切って整理して単純化すれば、次のような条件を具《そな》えた者です。

まず第一に、「紛争当時国の軍隊の構成員及び軍隊の一部をなす民兵隊又は義勇隊の構成員」であれば、無条件で合法的な戦闘員と認められます。わが国の「自衛隊」は、国内では軍隊か否かという論議の的となっていますが、国際社会では疑いもなく「軍隊」として遇されているので問題はありません。そして、本来の軍隊ではなくて、臨時に編成された「民兵隊又は義勇隊」でも、軍隊の一部として組み込まれている場合には、つまり正規の軍隊の規律に完全に服しているときは、やはり問題なく軍隊の構成員と同じく、即ち無条件に、合法的戦闘員として認められます。つまり捕虜としての待遇を受けるのに障害はありません。

問題は、パルチザンとかレジスタンスとかゲリラとか、それ以外の独立の組織的な抵抗運動の団体の一員である場合です。その場合には、次の四つの条件を具えていなければなりません。それは、(1)「部下について責任を負う一人の者が指揮していること」(2)「遠方から認識することができる固着の特殊標章を有すること」(3)「公然と武器を携行していること」(4)「戦争の法規及び慣例に従って行動していること」の四条件です。

この四条件そのものは、一九〇七年の「陸戦法規」に規定されているものと同じです。多少の解説をしてみると、(1)の指揮者の存在は、軍隊的規律の有無ということでしょう。(2)の特殊標章とは、特別なユニフォームを着用しているとか、特別の腕章をつけているとかいろいろな方法があるでしょうが、要は一般住民と遠方より区別できるということです。たとえば、スイスでは、地区の司令官の下に出頭して、軍服あるいは少なくとも赤地に白十字(スイスの国旗)の腕章を支給してもらうようきめられています。

(3)の公然と武器を持つということは、武器をかくし持っていて、突如としてそれを取り出して使用してはいけないということを意味します。何故ならば、相手方の軍隊は一般住民と戦闘員との識別が非常に困難となるので、肝心の一般住民の保護が実際上できなくなるからです。つまり、そのような言わば非合法の戦闘員が一般大衆の中にかくれていると、やむをえず無差別の攻撃をせざるをえないからです。(4)の戦時法規の遵守は、大変重要な条件です。戦時法規を遵守するには、戦時法規の概要ぐらいは知っていなければなりません。

なお、この四条件については、念のためにもう一つ特別のコメントをつけ加えておきます。それは、「一九七七年の第一追加議定書」の規定との関係です。その第四四条で、「四条件」を緩和されているのです。それは、第二次大戦後のいわゆる民族解放戦争などの局地的な地域紛争において、一般住民の海の中に紛れこんだゲリラ戦法が多用されている風潮に対応するという考え方に基づくものです。

具体的には、「四条件」の中で⑵の「固着の特殊標章」着用の条件を廃し、しかも⑶の「公然と武器を携行していること」という条件を緩和して、交戦の開始に先立つ一定の期間及び交戦に従事している期間に限定しています。

しかし、このようなゲリラに有効な立法は、結果として一般住民の保護を犠牲にする危険を高めることになります。もっとも、その条文の中で、「自己を文民たる住民から区別する義務を負う」と明記して、立法の趣旨に他意のないことを述べてはいますが、そうするとこの新しい規定は全体として一体何なのか矛盾が少なくなく必ずしも明確となりません。一般住民から見てもむしろ迷惑なルールです。主要国が主義上強く反対していることにも相当の理由があります。

それ故、われわれ日本人としては、国際社会にはそのような考え方もあることは参考までに考慮してもよいでしょうが、現行の戦時法規の定める真の法的ルールは、先に述べたところの古典的な「四条件」であると心得ておくことが無難と言えます。

しかしながら、ゲリラ戦対策とは次元の異なるところで、やはり「四条件」の緩和の問題があります。

事実、一九四九年のジュネーヴ第三条約の第四条の中にも、明示的な特別の規定があります。そこでは、予《あらかじ》めこの四条件を満たしておく時間的余裕がなくて、侵入する外国の軍隊に抵抗するために、愛国心から自発的に武器をとる場合が想定されています。即ち、極限状況における例外的規定です。

これは、一九〇七年の陸戦法規の「群民蜂起」の規定を再確認するものです。このような場合には、先の四条件は特別に緩和されて、捕虜の特権を保障される者は、(1)「公然と武器を携行し」且つ(2)「戦争の法規及び慣例を尊重する場合」に限るとしています。これはいかなる場合にも欠かせない二つの絶対条件ということができます。ここでも、戦時法規の知識が必要不可欠となっていることに注目して下さい。つまり、誰でも、いかなる場合でも、戦時法規のイロハぐらいは、予め教育をうけていなければ話にならない訳です。

しかるに、わが国では、小学校から大学に至るまでの学校教育のいかなる段階においても、赤十字その他の社会教育の場においても、戦時法規の教育が完全に欠如しています。軍隊である筈の自衛隊でもその教育が不十分と言われていますから、ましてや一般国民が無知なのは当り前かも知れません。

しかし、こんなことでは、たとえば、わが国の領土の中に敵の軍隊が侵入してきた場合、愛国心から不正規兵として銃をとる者がいても、戦時法規を遵守する条件を満たしていないことになって、皆、非合法の戦闘員と見做され、捕虜の待遇を拒否されることになります。つまり、戦争犯罪人にしかなれないのかも知れません。これは由々しい問題ではありませんか。

一九四九年のジュネーヴ第三条約（捕虜条約）には、捕虜の取扱いについて詳細な規定が書いてあります。

なお、今まで繰りかえし繰りかえし、「一九四九年の」ジュネーヴ条約云々と、作成された年代を明記してきました。少々くど過ぎるという感じを持たれた方もあるかも知れません。しかし、それには理由があります。それは、「戦時法規」の分野では、「ジュネーヴ条約」という呼称を持つ条約が昔から沢山あるのです。たとえば捕虜条約と言っても、今論じているこの第三条約より前に、「一九二九年のジュネーヴ俘虜条約」なるものがあります。従って無用の誤解を避けるためには、まめに特定しておかなければ困るのです。

それはさておき、一九四九年のジュネーヴ第三条約に規定されている捕虜の基本的な権利と義務に簡単に觸《ふ》れておきましょう。細かい項目は省略します。まず、捕虜は、常に「人道的」待遇を受けます。捕虜に対しては、「復仇《ふっきゅう》」の対象とすることは禁じられます。捕虜には、無償で「給養」と「医療」とを受ける権利があります。そして、「人種、国籍、宗教的信条若しくは政治的意見に基づく差別」などは受けないように規定されています。

ここで、念のために「復仇」という言葉を少々解説しておきます。一九四九年のジュネーヴ第三条約の第十三条末尾は、正式和訳によると「報復措置」との訳語が当てられています。それは間違いではありませんが、適当とは思われません。戦時法規の用語では、「復仇」とか「戦時復仇」の言葉で理解すべきものです。

復仇とは、敵方のシステマティック且つ重大な戦時法規の違反行為に対して、それを止めさせるために同等の戦時法規の違反行為をもって対抗することです。復仇に訴えることに十分な理由があれば違法性は阻却《そきゃく》されます。復仇という制度は、互いにエスカレートする危険があるので全廃すべきだという議論が昔からありますが、現在の国際社会には主権国家の上を行く上級の権威がない以上、敵側の違反行為を止めさせるためにはそれ以上に有効な手段がないとの理由で、原則的には復仇の法理は仕方がないと考えられています。

つまり、復仇は原則合法なのです。しかしながら、実際上の見地から、復仇の対象を制限する立法例が増えてきました。この場合は、捕虜を復仇の対象とすることを禁止するルールを作ったことを意味します。復仇の法理により、たとえば捕虜を処刑することは非合法となったのです。

他方、基本的な義務としては、捕虜は、尋問の際には、⑴氏名、⑵階級、⑶生年月日、⑷認識番号の四項目については答える義務があります。それ以上は、答える義務はありません。

この四項目は、欧州で中世の十字軍時代から確立していた慣習法に基づいています。それに限定するということは、本国に対して軍事作戦上の秘密を守る軍人としての忠誠義務を尊重するという趣旨です。ですから、イギリスでもアメリカでも、嘗《かつ》てのドイツでも、自国の軍人に対して、この四項目以外の情報を敵方に答えることを軍事規律上厳重に禁止しているのです。

もっとも具体的に言えば、自国の軍隊の組織に関しても秘密は厳守すべきもので、敵方はそれを強要してはいけません。それ故、自分の所属部隊など軍の組織に関することを具体的に洗いざらい答える義務はありません。そんなことをべらべら喋ったならば、尋問する敵側の担当者からさえ、軍人の風上にもおけぬ腰抜けとしてさげすまれることでしょう。

〈小室直樹、色摩力夫『国民のための戦争と平和の法』

総合法令、一九九三年。二七五〜二八六頁）

これで明白なように、便衣隊は非合法的戦闘員です。戦争犯罪人として死刑にしてもかまいません。

死刑にすることが合法です。

裁判の結果として死刑にしてもいいのですが、戦闘途中で、これを殺すことも合法的です。

さらに大切なポイントは。

便衣隊は非合法的戦闘員ですから、捕虜になる特権がありません。つかまえたとき、即座にこれを殺しても合法的です。「捕虜虐殺」なんて言われる筋合いはありません。

では、便衣隊が一般大衆の中に隠されている疑惑がある場合には。軍隊は、この大衆を調査することができます。これ、合法です。便衣隊の疑いがある者を、さらに詳しく調べるために連れ去ること。これも合法です。

最悪の場合には、一般大衆に無差別攻撃をかけること。これさえも、「やむを得ない」とされることもあります。

その理由は、軍隊の権限は、ネガ・リスト方式で規定されているからです（同右、一二六頁）。軍隊は、国際法で禁止されていること以外は何をやってもいいのです。

これが一つのポイント。

もう一つのポイントは、主権者優位の原則があるからです。

合法か非合法か分からない場合にどうする。これこそ、法解釈の決め手です。

例えば、刑法だと、被告のアリバイはみんなくずれたけど、検事も確証できない。このときどうなります。引き分け、いい勝負。有罪と無罪の中間。こういう判決はありません。ズバリ無罪です。立証責任は、ぜんぶ検事側にあるからです。どちらだか分からないときには、被告優先（有利）に解釈されます。

国際法だと、どちらだか分からないときには、主権者に優位（有利）に解釈されます。中国で戦っている日本軍は、中国の主権下にはありません。日本の主権下にあります。日本軍のやったことが、国際法上、合法か非合法か分からないときには、日本の主権に有利なように、これは合法と解釈されます。

捕虜になれる者は、正規の（合法的）戦闘員です。この資格も重要ですが、手続きも重要です。

当該戦闘員の指揮官が、相手の指揮官に、正式に降伏を申し入れなければなりません。戦っている戦闘員が、バラバラに降伏を申し込んでも受け入れられるともかぎりません。降伏の意志確認が困難だからです。

降伏も契約ですから、双方の合意がないと成立しません。

南京防衛軍司令官唐生智は、部下に、あくまで闘えと命令を下して自分だけ逃亡しました。誰にも司令官の権限を委譲しないで。

こうなると、南京防衛軍の中国人兵士たちは、戦闘をやめる合法的方法をもちません。あくまでも闘わなければなりません。

唐生智は、松井大将の情理をつくした投降勧告《かんこく》を拒絶しました。中国軍は、あくまで闘うと解釈されます。降伏の意志が明白なもの以外は、捕虜としては受け入れられません。

その上さらに、軍隊にも正当防衛、緊急避難《ひなん》の権利があります。

自分の隊の何倍もの敵兵が「投降」してきても、場合によっては、これを拒否する権利があります。

便衣隊がいたる所にいて一般住民と区別し難い事情は右のとおりです。

その一般住民ですが、非戦闘員に徹していたでしょうか。それならば問題はないのですが、実はそうではありませんでした。

一般住民の反日感情の盛り上がりはたいへんなものでした。それを軍や官憲やマスコミが、さらに煽りたてます。火に油をそそぐようなものです。中国の民衆は、戦時国際法なんか知りません。日本軍ござんなれと、スパイ、闇討ち、隙があれば襲いかかってきます。日本軍占領地の婦人、老人、子供だって油断ができません。

日本軍は、はじめは民衆をいたわる気持ちをもっていたが、この予想外の仕打ちに接すると敵意も起こってきました。

こういう場合には如何にするべきでしょう。

ここまで本書で国際法を勉強して来られた方にはお分かりでしょう。

もちろん、日本軍に襲いかかってくるときの民衆は戦闘行為が合法であるための条件なんか満たしていたりしていません。隠し持つ武器をいきなり取り出して襲ってくるのです。

答は。殺してよろしい。

不利になって手をあげ白旗をふっていても、殺していいのです。先に論じたように、非合法な戦闘をしていたのですから捕虜になる資格はありません。降参するなんて叫んでも、日本軍につかまったとしても、銃殺してかまいません。

それが合法なのです。

ときに、昭和一二年（一九三七年）です。依拠するべき国際法としては一九〇九年のハーグ陸戦条約です。のちに、一九四九年のジュネーヴ条約によって、ゲリラ側に有利なようにいくぶん細目の改正もありましたが、基本的には右のとおりです。

一九〇九年以前には、はっきりと明文化されてはいませんでしたが、右の線に収束しつつあります。

スパイなどの非合法戦闘行為をした者は、つかまっても捕虜としての特権が行使できず、銃殺されても文句は言えません。隠し持った武器をいきなり取り出して襲撃する者にいたっては、非合法的戦闘行為の最たるものです。

日露戦争のとき、沖禎介《おきていすけ》、横川省三の二人は、ロシア鉄道を爆破するために、爆薬をもって、蒙古人に変装して敵地深く侵入しましたが、ロシア軍に発見されてつかまりました。いちおう「捕虜」みたいですが捕虜ではありません。非合法な戦闘行為をしたからです。

銃殺と決まりました。

しかし、二人の態度があまりにも堂々としていたので、ロシア人も、すっかり感心してしまいました。銃殺には決まりましたが、礼をもって接してくれたのでした。ロシア軍にも名誉を重んずる将校は居たのでした。

沖が大金を持っているのをロシア将校が発見しました。沖はこのお金は貴国の赤十字に寄附すると申し出ました。ロシア将校は驚いて、家族に送ったほうがよくはないかと言いました。沖は、「日本の天皇陛下は、お国のために死んだ者の家族が困るようなことはなさらないからその必要はない」と言って断りました。

これは、戦前、戦中の修身教科書にも出てくる有名な話です。

このように、変装して爆薬をもって進入するなどという非合法的戦闘行為をすれば銃殺される。このことについては、日本の教科書も片言隻句《へんげんせきく》も文句を言っていません。沖も横川も、銃殺を覚悟して出かけていったのでした。死ぬにきまっている、出発した日を命日にしてくれ、と。

これに対して、合法であるための四条約をみたしている戦闘行為をしていればちがいます。同じ頃の話ですが、建川中尉（のちの中将。駐ソ大使）が率いた敵中横断三〇〇里。ロシア軍の意図を偵察するために、騎兵隊を率いて、やはり敵地深く侵入したのでしたが、右四条約を満たしていますので、合法的戦闘。この騎兵隊の兵士の一人は隊から落伍してロシア軍の捕虜となりました。捕虜の特権を行使して十分に保護をうけ、戦後、元気で凱旋《がいせん》して勲章をもらいました。

千島探検で有名な郡司大尉は、日露開戦時、千島で警備にあたっていました。これは合法的軍事行為です。

ロシア軍につかまりましたが、これは立派な捕虜です。これまた十分な待遇をうけ、戦後、無事帰国して、元の任地にもどりました。

これらの例だけでも明白なように、合法的戦闘行為をしていた者と非合法的戦闘行為をしていた者とでは、これほどちがいます。敵につかまったとき、前者は捕虜になれるのに、後者は捕虜になれません。戦争犯罪人として銃殺されても文句は言えません。

戦闘が合法であるための四条約は、ハーグ陸戦条約（一九〇九年）で明示的《イクスプリシトリー》（explicitly）に決められたのでしたがそれ以前（日露戦争は一九〇四～一九〇五年）でも、そこへむけての収束的傾向は見られました。日露戦争のときにも、これら四条約は、同一であると考えていいと思われます。

シナ事変（一九三七年）のときには、ハーグ条約は結ばれていました。日本軍は、非合法な戦闘行為をする者をどんどん銃殺してもよかったのです。

それにしては日本軍は、殺してもよいときに、何とか殺さないように努めましたなあ。努めすぎるほどに。それは大切なことなので本格的に論じたいと思うのですが。

中国軍トップ、とくに唐生智の責任は重大です。

中国の要人は、日本人よりは国際法をよく知っています。国際会議で、国際法を盾に日本を攻め立てて立往生させることもありました。日本がまともに反論できなかったことはしばしばでした。

中国政府には、欧米の大学を出た人がたくさんいました。国際法をよく研究している人もいました。いやそれほどでなくても、ハーグ陸戦条約くらい、よく理解している人は、もっとずっとたくさんいたはずです。そうでなければ、あれほど上手に国際社会がのりきれっこありません。

それなのに、中国軍トップのやりかたは。

便衣隊にはなるな、一般国民が日本軍と戦闘する際に、合法的であるためには、次の四条約を満たすことが必要だと、何で教えておかなかったのですか。

これは後の話ですが、ジュネーヴ四条約には、この条約の主旨を国民に教える義務を政府に課しています。

この条約は、政府が国民に徹底させる主旨を明文で示していますが（明文で示しても示さなくても）、戦時国際法とは、元来、そういうものなのです。

そのエッセンスを一般国民が知らないというのでは、何の役に立ちますか。

愛国心に燃えて、侵入してきた敵軍に抵抗するべく敢然と立ち上がった自国民が、ゲリラ戦闘が合法的であるための四条件を知らなかったばかりに、かたはしから殺される。捕虜にもなれずに、戦争犯罪人として死刑にされる。

こんなことがあってもいいものなのでしょうか。

いや、断じて、あり得べからざることです。こんなことが決してないように努める。それが、政府です。

例えばスイス政府。ご存じのとおり、スイスは永世中立国です。でも、外国の軍隊が攻めてきたときには敢然として戦います。この決意なくして、なんで永世中立が保ち得ましょう。

スイスの軍隊は小さいけれども、スイスは国民皆兵である。外国の軍隊が攻めてきたとき、スイス国民は、敢然と武器をとって蜂起《ほうき》する。このときもし、スイス国民の戦闘の仕方が非合法だと、戦う国民は戦犯として敵に処刑されるかもしれない。

こんなことをされては困るから、スイス政府は、国際法を充分に国民に教え込む。決然として銃をとって起《た》つときには、これらの四条件（一四一ページ）をととのえなさい、と。

これが、政府の最大のサーヴィスなのである。

もし、このサーヴィスをおこたれば、国民が敵に、合法的に処刑されるではないか。

そんなことになっては困るから、スイス政府は熱心に国民を教育する。戦時国際法とはこういうものだと。合法的に戦争するとはこういうことだ、と。

スイス政府が国民に配布しているガイドブックが、日本でも出版されています。それが、『民間防衛』（原書房）です。

同書のまえがきでは、次のように謳っています。

国土の防衛は、わがスイスに昔から伝わっている伝統であり、わが連邦の存在そのものにかかわるものです。そのため、武器をとり得るすべての国民によって組織され、近代戦用に装備された強力な軍のみが、侵略者の意図をくじき得るのであり、これによって、われわれにとって最も大きな財産である自由と独立が保障されるのです。

今日では、戦争は全国民と関係を持っています。国土防衛のために武装し訓練された国民一人一人には、『軍人操典』を与えられますが、『民間防衛』というこの本は、わが国民全部に話しかけるためのものです。この二冊の本は同じ目的を持っています。つまり、どこから来るものであろうとも、あらゆる侵略の試みに対して有効な抵抗を準備するのに役立つということです。(後略)

(『民間防衛』原書房、昭和四九年一〇月一〇日第三刷による)

また、そのなかには「戦時国際法」について、簡潔に記された項もあります。これも抜粋しておきます。

戦争そのものは、戦時国際法によって規制される。

1. 戦時国際法は、軍服を着用し、訓練され、かつ、上官の指揮下にある戦闘員のみに対して適用される。

2．民間人および民間防災組織に属するすべての者は、軍事作戦を行なってはならない。孤立した行動は何の役にも立たない。それは無用の報復を招くだけである。

3．軍隊または民間防災組織に編入されていない者で国の防衛に参加協力することを希望する者は、地区の司令官に申し出なければならない。彼は軍服あるいは少なくとも赤地に白十字の腕章をつけることになる。

4．住民は、捕虜に対して敵意を示す行為を行なってはならない。いかなる立場の下でも、負傷者および病人はたとえ敵であっても助けねばならない。

これに反して、スパイ、平服またはにせの軍服を着用した破壊工作者、裏切者は、摘発され、軍法会議に引き渡される。彼らは戦時国際法に従って軍事法廷で裁かれるであろう。

5．軍事施設、橋、道路、鉄道線路の破壊、産業施設を使用不可能にすること、食糧の備蓄を中断すること、これらは、すべて軍命令によってのみ行なうことができる。自分の判断でこのような行為を行ない、あるいは行なおうとすることは、非合法な行為である。

6．すべてのスイス人は、男も女も、軍に属しているといないとを問わず、その身体、生命、名誉が危険にさらされるときは、正当防衛の権利を有する。何人もこの権利を侵す

ことはできない。（前同）

スイス政府は、こういう努力をしたのです。

当たり前でしょう。

民衆が合法的に敵と戦える方法を教えておかなければ、敵に対して決起した愛国者が、片はしから惨殺されるではありませんか。

そしてしかも、それは国際法的には合法的なのです。

つまり、大虐殺の責任は敵にではなく、それほど大切なことを教えていない自国政府にあるのです。

このことを思い出しただけでも、南京事件の責任がどこにあるのか。

一点の疑点もありません。

第二章

東京裁判史観を払拭せよ

東京裁判は「法律」にも「正義」にも基づかない！

小室直樹

戦後、日本は東京裁判史観で教育されてきた。

この東京裁判とは、どんな裁判か。

正式には、「極東国際軍事裁判」という。

この名前からは、国際法に基づく裁判だと思うかもしれない。

が、そうではない。

連合軍最高司令官マッカーサ元帥の命令に基づく裁判である。

その唯一の法的根拠は、昭和二一年（一九四六年）一月一九日に、マッカーサ元帥が発布した「極東国際軍事裁判所條例」（以下、「裁判所条例」または「条例」と呼ぶ）である。マッカーサー元帥が判事を任命し、この条例によって裁判せよと命令した。

マッカーサー元帥は二年半後、トルーマン大統領との意見が対立し罷免された。

帰国したマッカーサーは、上院で、「第二次大戦は日本にとって自衛の戦争であった」とはっきり証言した。また彼は、トルーマン大統領と会見したとき、「東京裁判は誤りであった。あの裁判は戦争を防止するうえで何の役にも立たない」と告白している。

東京裁判をやらせたのはマッカーサーである。すでに述べたことから明らかなように、全責任はマッカーサーにある。

当のマッカーサーが、その後反省して、明白に誤りを認めている。

東京裁判を考えるときに、まず、思い出しておく必要がある。

はじめから東京裁判を否定し、日本無罪を強く主張したのは、インドのパル判事である。

東京裁判の法的根拠となった裁判所条例は事後法である。事後法で裁くのは、人権宣言以前への逆もどりであり、リベラル・デモクラシーの成果をことごとく拒否するものである。国際法には、国家が行った「侵略戦争」の責任を個人にとらせて、個人に刑罰を加える規定はどこにもない。

東京裁判を合法だとする者の根拠は、一九二八年のケロッグ・ブリアン不戦条約にある。この不戦協定は、侵略戦争を非合法とした。すなわち国際法上の不法行為になったのである。不法行為である以上、これを現実に生じさせた個人は犯罪行為をなしたとして刑事責任を負うことになるという論になる。

少しでもリーガル・マインドのある者ならば、法に、こんな「論理」はなく、これこそ「不法」きわまりない断定だということに気づくであろう。

不戦条約のどこにも、違反に対する処罰もないし、個人の刑事責任なんてとんでもない。しかたがないので、無理を承知で、でっちあげたのが、「平和に対する罪」と「人道に対する罪」である。

この二つの罪を根拠にして検察側は論告してくるが、パル判事は、一つひとつ精密に反論する。

昭和一一年八月七日、広田〔弘毅〕内閣の五相会議で決定された「国策ノ基準」こそ被告たちの「共同謀議」のはじまりであるとする検察の論告はナンセンスであることを証明する。また、一五被告が、残虐行為を命令し、なさしめ、かつ許可したという事実は、ついに一つも摘発することができなかったと断言した。

パル博士は、学説を博引旁証し、緻密な論理を展開し、ついに、「侵略戦争を準備し、またこれを遂行するということは、第二次大戦当時、犯罪ではなかった」ことを証明したのであった。

これで勝負あった。

パル博士は、「あれは、法律にも正義にも基づかない裁判である」「法律的外観はまとっているが、本質的には、執念深い報復の追跡である」と結論した。

今や、パル博士の説は、国際法学会の定説となった。

知らぬは日本人ばかりなり。

ハンキー卿が、「戦時裁判の錯誤（Politics Trials Error）」でパル博士を一〇〇％支持したことは有名である。その他、F・J・P・ビール氏、W・フリートマン教授、米最高裁のW・O・ダグラス判事など、世界の碩学《せきがく》がパル支持にまわっていることも知られている。

最後に、ウェッブ裁判長自身、「パリ条約は何の変更も加えられなかった」とコメントしていることに注意しておきたい。

パリ条約（ケロッグ・ブリアンの不戦条約）が東京裁判の法的根拠だと、この裁判の合法論者は主張しているのだから、それに変更がないとすれば、「侵略した国の指導者の刑事責任」を問うことはできない。

東京裁判の合法性を裁判長自身が否定したのである！

このように、法的に考えれば、誰にとっても、東京裁判は、言いようもない、途方もない「べらぼう」な裁判である！

言わぬは日本人ばかりなり。

世界史上まれに見る無茶苦茶裁判

カルト教団の信者は、学校で日本人は人殺しだと教わっていた――小室

日本が現在のような歴史教育をしている限りは、カルト教団はいくらでも出てきますよ。次はもっとすごいインコ教など（笑い）、出てくるに違いない。今の日本人はイマジネーション不足ですから、敵といえば外国にいると考えます。国内の組織が日本人を殲滅《せんめつ》するだけの武力を持っていたなんて、想像もしていなかったのです。ところが、日本のアノミー状況は、想像以上に進んでいるのです。わが国は人殺し国家であるなんて、中学からずっと教育している国は世界中にないのですから。だから、「まだ俺は人を殺してない、きっと俺は間違っているんだ」となる。

いろいろな人が、カルト教団の幹部はみな真面目なのに、なんであんなことをしたのか分からないと言います。しかし、真面目な人であればこそ学校で教えることは正しいと思うわけで

す。だから、カルト教団の優秀で真面目な信者が人殺しをすることは、分かりすぎるほど分かるじゃないですか。彼らは学校で日本人は人殺しだと教わった。そして、その通りのことをやっているのです。かえって学校嫌いだったり、教師や教科書なんてインチキ臭いと思っている人なら、あんなことしませんよ。

日中戦争の頃のアメリカは、まだゲリラの恐さというものを本当には知らなかった——渡部

連合国側が日本を裁いた東京裁判や、その前後のGHQのプロパガンダなどを読みますと、日本人はまるでバカかのように思えてきます。そのような印象を後付けし拡大するような言論を弄する「進歩的知識人」がいたことが、とても残念です。それに、その言説にひっかかった若者は本当にたいへんでした。教師や教授が教壇の上からそのようなことを言うものですから、多くの若者がその誤った日本人論を信じてしまったのです。その流れが、いま小室さんが指摘されたオウムにまで連なっているということでしょう。

シナに対する日本の残虐行為のほかに、フィリピンに対する残虐行為も有名ですが、これも民衆に対して発砲したのではなく、ゲリラ掃討のための発砲でした。戦地におけるゲリラとは、ほんとうに恐ろしいものなのですが、日中戦争やフィリピンでの戦いのときには、アメリカは

まだゲリラの恐さというものを本当には知りませんでした。アメリカがゲリラの恐ろしさに心底震え上がったのは、ベトナム戦争のときでした。

小野田さんは、たった一人でもきちんとした軍隊――小室

ゲリラのなかにも、合法のゲリラと非合法のゲリラがあります。最も合法的でないゲリラは、シナ事変のときの便衣隊です。いままで戦闘をやっていた人間がいきなり、軍服を脱ぎ捨てて平服に着替えるのですが、それで絶対に抵抗しないのならまだいいのですが、スキがあれば平服のままで撃ってくるのですから、これは完全に非合法です。ですから、その便衣隊を殺してもいいということは、火を見るより明らかです。「南京事件」を論ずるときに日本の国際法学者は、そうしたことを一言もコメントしていないのだから、ひどいものです。

合法的ゲリラというのは、ちゃんと指揮官がいて、軍服を着て、標章をつけて、公然と武器を持ってゲリラ活動をやるゲリラです。ゲリラというのは本来「小さい戦争」という意味であって、小さい戦争であっても軍服を着なくてはいけないのです。「それじゃあ正規軍と同じじゃないか」、ということになるけれど、正規軍とは国家あるいは中央から命令を受けている軍隊であって、ゲリラはそうとも限らないのです。フィリピンの場合などもそうですが、中央との情報を遮断された状態で活動する小さな部隊があって、それがゲリラと呼ばれているのです。

ですから、小野田［寛郎《ひろお》］さんは戦犯にはなりませんでした。ちゃんと軍服を着て銃を持っていたからです。ただし、小野田さんの場合は、中央との連絡は遮断されていました。彼も何人か殺したことはあるらしいですが、ゲリラとして合法的にずっと戦争をしていたわけです［終戦後29年間、フィリピンのルバング島でゲリラ戦をし続けた］。彼はたった一人ではあったけれども、きちんとした軍隊だったんです。

軍隊の条件を満たさずに武器を持っているのは、強盗、海賊、夜盗に等しい　　——渡部

あの時、山本七平さんが偉かったのは、「小野田さんは戦争しているのだから、出てこいと呼びかけてもダメだ」とおっしゃったことです。なにせ、彼は一人で戦争をやっているのだから、元の上官が行って降参しろと命令しないとダメだというのです。あれは、軍隊にいた人の正しい考え方でした。

ただ一人でも軍服を着て公然と武器を持っていれば軍隊ということですが、ベトナムの場合は公式に武器を持ったゲリラと隠し持ったゲリラの両方がありましたね。『ランボー』という映画で、靴磨きの少年が爆弾を仕掛けますが、あれが本物の便衣隊です。その少年は捕虜になる権利があるかというと、便衣というのは軍服じゃないという意味ですから、捕虜になる権利

はないので、殺されたってまったく文句は言えないわけです。秘かにピストルを持ち出して相手を殺しておいてから、やっぱり降参しますというわけにはいかないのです。非合法な方法で敵を殺しているんですから。

軍隊の条件を満たさずに武器を持っているのは、強盗、海賊、夜盗に等しいわけですね。

降伏だって、そんなに簡単には認めてもらえない――小室

今の国際法は、一九四九年のジュネーヴ四条約に基づくものですが、これができるまでは規約がもっと厳しくて、ちょっとやそっとのことでは捕虜になれませんでした。ですから、自分の部下が可愛ければ、総司令官は軍隊をまとめて降参したわけです。**ナポレオン三世**だって、セダンでそれをやったわけですよ。まだ戦う余力はあったけれど、いずれ負けるのは目に見えていた。もしも部隊がバラバラになって戦ったら、敵が捕虜として認めてくれるかどうか分からない。そういう判断があったのです。そんな例が世界史にはいくつもあります。

普仏戦争の時だって、通達が遅れて、国境近くにいたフランス軍は全滅させられた。捕虜になれなかったのです。第二次大戦が終わった時も、ユーゴスラヴィアにドイツ軍が一七万人いたのだけれど、その半数は殺されているのです。彼らは降参したけれど、降伏を認めてもらえなかったためです。降伏だって、そんなに簡単なものではないのです。認めてくれなくちゃ降

伏もできない。

〈ナポレオン三世〉（一八〇八～一八七三）　フランス皇帝。三二年ボナパルトの後継者を自認。四八年の二月革命後、立憲議会議員、共和国大統領にあいつぎ就任。五二年、クーデターにより帝位につく。七〇年、普仏戦争を指揮するも、仏北東部のセダンで敗退、投降した。

戦争が終わってから日本人捕虜が大量に殺された――渡部

東京裁判で、アメリカは捕虜虐待などで日本人に死刑の判決を出したのですが、それならばソ連に対しても、正式に降伏した日本人捕虜を、「きちんと本国に返しなさい」と言うべきでした。しかし、アメリカは、数十万人もの捕虜を抑留してシベリアで強制労働に駆り立てたソ連に対して、何も言いませんでした。これは、明らかにアメリカがダブル・スタンダード（二重標準）であったことを証明するものです。

満洲の一般人は本当に悲惨でした。相手がまともな国であれば、降参すればそれで終わりです。日本は正式に降伏したのですから、普通ならば武装解除をして本国へ送り還すなり、捕虜収容所に入れてからいずれ送り還して終わりです。ところが、それをちゃんとやったのはアメリカだけでした。イギリスにしても、捕虜収容所に入れた後に、報復的な裁判で殺し、あるいは死ぬにまかせました。オーストラリアも同じです。

もしも、日本に力があれば、もう一度裁判をやり直すべきです。そうすれば、これらのケースは簡単に虐殺罪として裁けるものです。戦争が終わっているのに、ろくな食事もやらないで、厳しく働かせたのですから、これは虐殺もいいところです。しかも、じつにいい加減な裁判で日本人を死刑に処しました。戦争が終わらないうちは捕虜として待遇しても、終わったら還さなければならないにもかかわらず、殺されてしまった日本人捕虜の数は莫大な数にのぼります。それらの捕虜は戦争が終わってから、殺されたのです。

日本人捕虜に対して違法行為を行った連合国側——小室

正式に降伏して、しかも相手がそれを認めた場合は、捕虜の権利が生ずるのです。いったん捕虜の権利が生ずれば、捕虜を世話することは捕虜を取ったほうの義務になるわけです。逆に言えば、食糧がないなどの理由で捕虜を世話できない時は、捕虜にすることを拒絶する権利があるわけです。米英ソは日本の降伏を受け入れたわけでしょう。すると、日本には捕虜の権利が生ずるのだから、向こうは勝手なことはできません。殺したり虐待したりは絶対できない。

天安門事件のとき、「日本人だってこんなことはしなかった」という声があがった――渡部

北京で天安門事件〔一九八九年〕があったとき、発砲された北京の市民の中からは、「日本人だって、こんなことはしなかった」という声があがったそうですよ（笑い）。ちゃんと開城してくれれば、日本は鉄砲の弾が惜しい国なのだから、無闇に発砲することはなかったわけです。

「虐殺」の命令を下したとは、立証できなかった――小室

「南京大虐殺」については、ヨーロッパにおけるナチズムやファシズムの実態から類推して「大虐殺」があったに違いないとしているムキもありますが、このアナロジーが最もべらぼうなんです。南京事件の場合には、松井石根軍司令官が、「日本軍始まって以来の壮挙である。諸外国との利害もあるところだから、充分注意しろ」と命令を出しているのです。ところが、ナチスの場合にはヒトラーの命令でやったという説が強い。また、スターリンの大粛清、ポルポトの大虐殺、中国の文革〔文化大革命〕など、有名な大虐殺はたくさんあるのだけれど、それらはみなスターリン、ポルポト、毛沢東といった指導者の意図的な命令によって行われているのです。

東京裁判はべらぼうな裁判であったが、さすがに松井石根大将を「南京大虐殺」の命令を出したから死刑に処すというようにはできなかった。松井石根大将が死刑になった理由は、「最高責任者であるにもかかわらず、何十万の人が殺されるのを防げなかった」という「不作為な殺人」によるものでした。それは、第一四方面軍司令官**山下奉文**《ともゆき》陸軍大将を、「日本軍司令官として、アメリカ国民やフィリピン市民に対する部下の野蛮で残虐な行為や重大犯罪を許し、戦争法規に違反した」として絞首刑に処したのと同じです。あれほどむちゃくちゃな東京裁判でむちゃくちゃな証拠集めをしても、とうとう「虐殺」の命令を下したということは証明できなかったわけです。その点がいまとても大問題です。「不作為な殺人」に死刑を適用すべきかどうか。

〈山下奉文〉（一八八五〜一九四六）　陸軍大将。陸大卒業後、スイス、ドイツ、オーストリア等に赴任。軍事課長、北支那方面軍参謀長、航空総監などを歴任後、四二年、シンガポール占領の指揮を執り、パーシバル将軍に「イエスかノーか」と降伏を迫った話は有名。四六年、マニラで処刑された。

原爆投下の犯罪性を主張したアメリカ人弁護人もいた——渡部

だから、アメリカの弁護人の中にはね、原爆はどうなのかと言う人がいた。つまり「原爆は、作らせた人も、作った人も、運んだ人も、落とした人も、それを命令した人もみんな分かっている。それなのに原爆のことは問わないで、わけの分からないほうを死刑にするのは何ごとだ」と主張したわけです。これはあの時代のアメリカの弁護人精神の華です。

インド、フランス、オランダ、フィリピン、オーストラリアの判事が、東京裁判は無茶苦茶だと言った——小室

大切なのは、あれだけ無茶苦茶な東京裁判でも、裁判に異議を唱えた人がたくさんいたということです。インドのパル判事はあまりにも有名だけれど、この裁判が無茶苦茶だと言ったのは、フランス、オランダ、フィリピン、オーストラリアの判事です。

フィリピンとオーストラリアは、最も反日的だと言われていましたが、フィリピンに行けば分かるように、あの国は法律家を最も尊ぶのです。一番優秀な人が法律をやる。フィリピン人は経済や科学では日本に劣るかもしれないけれど、法律的能力は日本人よりもはるかに優れて

いるのではないでしょうか。その証拠には、アメリカに行って、弁護士を開業しているフィリピン人がずいぶんいるということです。

そして、東京裁判には、恐らく最も優秀な法律家を任命したんでしょう。ところが、いくつかの国は、田舎のしょぼくれた法律家を任命しているのです。優秀であれば、いくら憎くても法律的におかしいということは分かるでしょう。だから、このフィリピンの判事は、多数派に反対した。それから、フランスの判事のベルナールは、こんなべらぼうな裁判はないと言ったのです。また、裁判が終わってから、キーナン検事長はあの裁判は間違いだったと言っています。ウェッブ裁判長も少数派に投票した。ともかく、まともな法律家はおかしいと考えたわけです。

朝鮮戦争によって、アメリカは日本の立場を理解することができた——渡部

あと一年半あの裁判が延びれば、すべてがパーになっていたことでしょう。東京裁判の結審後に朝鮮戦争が起き、日清・日露戦争以降の日本の立場というものが、ＧＨＱを通してアメリカにも実感されたわけです。

それまでは、日本はどうしようもない侵略国で性根の悪い国民がいると思われていたわけですが、朝鮮半島に北から強大な勢力が入ったときに、日本は黙って見ていられないのだという

ことが、朝鮮戦争でようやく理解されたわけです。そうなって、はじめて明治以来の日本の善意が分かったわけです。

マッカーサーも、「東京裁判は間違いであった」と議会証言している——小室

東京裁判の結審をなぜあれほどまでに急いだのかというと、マッカーサーが大統領候補になるためでした。それをめぐってはいろんな説があるけれど、マッカーサーだって、その後に上院の委員会で、「日本が戦争を始めたのは自衛のための戦争であり、東京裁判は間違いであった」と証言しています。キーナンもウェッブも、同じ趣旨のことを言っています。

日本を責めることが、国益、私益になる人たちがいる——渡部

フィリピン人のメードがシンガポールで死刑になったというので、最近シンガポールとフィリピンの仲が悪くなりました。そのせいか、シンガポールの中学生の論文コンテストで、「フィリピンの裁判で、山下奉文陸軍大将に死刑の判決を出したのは間違っている」というのが一等になったそうです（笑い）。そのうちフィリピンも、チャンギの裁判で、シンガポールが日本兵を死刑にしたのは間違いだとやるんじゃないでしょうか。

みんなその程度の裁判だったのですが、なぜか日本人だけは、日本人が本当に悪いことをし

たと思い込んでいる。日本人を責めているのは、社会党左派をはじめとする左翼一般、あとはコリア人とシナ人ですが、これは自分たちが儲かるからなのです。一人一人に聞いてみれば、よほどの無知でない限り、「日本が悪かった」などとは言いません。もしも、知識があるのに日本を責める人がいるとすれば、それは彼らの国益、私益になるからです。これは、明々白々なことです。

「転びマルクス」「隠れマルクス」はまだいくらでもいる――小室

戦後日本を害したのは、一つは東京裁判史観、もう一つはマルクス史観、この二つです。そして、この二つは連関しています。

マルクス主義は破産したなどと言いますけれど、「転びマルクス」「隠れマルクス」はまだいくらでもいます。マルクス主義全盛のころから痛感していたのだけれど、日本のマルキストというのは、マルクスをよく勉強していないのです。ほとんど理解していない。簡単な例を挙げますと、マルクス、エンゲルスの著作の翻訳なんて、誤訳だらけなのです。

マルクスという人は、本来はものごとを分かりやすく書くことを旨とした人で、原文を読むとそんなに分かりにくくないのだけれど、日本語の翻訳は何を言っているのかまるで分からない。じつはそれが良かった。日本人は何を言ってるか分からないことを有り難がるところがあるでしょう。かの有名な吉本隆明氏は、何を書いてるか分からない時には教祖になれた。今は誰でも分かる文章を書くようになったから、普通の評論家になっちゃった。

つまり、マルクスの翻訳が難解無比だったから、マルクス主義は繁盛したんです。誤訳なんていくらでも指摘できますが、それはともかくとして、大切なのは急所急所がまるで分かっていないということです。労働価値説なんてのは、急所中の急所だと思うけれど、ほとんど理解している人はいない。

まあ、学問的なことはともかくとして、一番重要なのは社会主義に失業があるのかどうかという問題です。資本主義には必ず失業があると言ったのは、マルクスの大業績で、これは大変なものだけど、それなら社会主義に失業がないのかと言えば、そんなことはマルクスもレーニンも一言も言ってない。だから、日本のマルキストは必要条件と十分条件の区別が分からなかったんです。だから、社会主義には失業がないと思い込んでしまったわけで、実はそれがソ連の滅びた理由の一つでもあります。

だから、「転びマルクス」「隠れマルクス」には、マルクス主義がなぜ破産したのか、まるで分からない。「マルクス主義は止《や》めました」なんて言いながら、いまだに昔の仲間とつきあっていて、そういう連中が、日本の言論界の枢要なところを占領してる。

昭和史を語る資格を考えなければならない——渡部

そのような人は、個人ではもう恐れるに足る人はいないんです。それより恐いのは、NHKとか民放とか大新聞とかにいて、学者まではいかないけれど、昔学者からマルクスを吹き込まれた連中で、これが一番危険です。今、学者でマルクス主義者だなんて言ってたら、こてんぱんにやられてしまいますから、それはもういないです。「転び」と「隠れ」しかいない。しかし、活発に働いているのは、言論機関に勤めている連中で、これは強い。夜のテレビ・キャスターだって喋る社会党みたいな人が二、三人いるではないですか。

もっともいけないのは、戦後に保守派と呼ばれた偉い先生で、若いときにマルキストだった人たちです。そのような人は、若いときには共産主義に危険を感じなかったわけです。マルクス・シンパか党員ですから。そのため、なぜ満洲で日本の陸軍や満鉄［南満洲鉄道］があれだけ頑張らなくてはならなかったのかが、実感として分からないのです。そして、戦後に共産党から離れたりケンカしたりして、反共の言論人になり、東大の学長になったり、防衛大学の学長になったりしました。

この人達の発言は、保守党の政界人にも非常に効力があるのです。なぜならば、左翼ではないからです。ところが、彼らが一度歴史を語りはじめるとボロが出る。「第二次大戦後、世界の流れは滔々たる自由主義であった、しかし、日本はそれに反した」などと、平気で言ってしまうわけです。だから、彼らはけしからんと、私は言うわけです。「おう、そうですか。第二次大戦後には、たしかに自由主義も出ましたが、それが普及したのは西ヨーロッパだけであって、イギリスがインドを解放しようとしましたか、オランダがインドネシアを解放しようとしましたか、アメリカがハワイを解放しようとしましたか、どこもしていませんよと。香港だってまだですよ」

そう私は言うわけです。

それにもかかわらず、第一次大戦の後に誕生したソ連という国が、ひたひたと迫ってくる。思想的にも迫ってくるわけですよ。その恐怖を感じることができないで昭和史なんかやったって、全然ダメですよ。

防衛大学の学長までやった猪木正道氏が、最近、中公新書でシナ事変のことを書いているのですが、彼は蘆溝橋事件がどうして始まったかを正確には調べていない。蘆溝橋事件の後、一応停戦条約ができたにもかかわらずさらに北支に戦火が広がったのは、**通州事件**で日本人の一般市民が二〇〇人も殺されたということがあったからです。そのことをピシッと書かなければ、蘆溝橋事件を書いたことにはならない。

そうして始まった日華事変［日中戦争］が上海のほうに飛び火したのは、蔣介石が攻撃をしてきたからなのですが、それも書いていない。そんなことで、軍国日本を語ってもらっては困る。日本はたしかにヘマなところはあったけれど、そのあたりのことをキチッと書かなければ、なぜあのような戦争に拡大していったのかが、よく分からない。

にもかかわらず、そうした一知半解の人が自民党の重きをなす人たちにいろんなことを喋ったので、中曽根［康弘］さんなんかも軽々として、「侵略戦争をしました」なんて言ってしまったわけです。それで、藤尾［正行］文部大臣を首にした［一九八六年、歴史教科書問題で日韓併合は合意の上などと発言し、罷免された］。それを見て、韓国や中共は勢いづいてしまい、日本の政治家が何か発言したらワーッと騒いで、日本の政治家が首になるというパターンが定着してしまったわけです。

〈通州事件〉　日中戦争初期の一九三七年七月二九日、中国河北省通州で起こった。冀東政権保安隊による日本人虐殺事件。

朝鮮半島におもねるべきではない

カルト教団事件は空前絶後の犯罪ではない――小室

ある有名な犯罪学者が、カルト教団事件を空前絶後の犯罪だと言ったのですが、私は空前ではあるけれども、絶後であるとは思いません。これから、もっともっと凄いものが出てくるのではないでしょうか。というのも、日本の今の教育は、日本という国家は犯罪国家だと教えているからです。これほどべらぼうな教育はありません。「お国が犯罪国家なんだから、俺たちが犯罪を犯して何が悪い」ということに必ずなります。

アメリカの言論は極めて自由で、アメリカに奴隷牧場があったなどと書かせて平気な国ですが、そういう国でさえも学校教育においてだけは誇り高いことしか教えません。アメリカでは、星条旗に敬礼するような教育が中心です。

それに比べて日本では、国旗は何だか分からないし、日本は犯罪国家だと教えている。平気で人を殺しましたと教科書で教えているんですから、国民はみんな一緒に殺しましょうということになるのは当たり前です。「日本は安全な国だ」なんて、今ではとんでもないことです。世界一のテロの最先進国家になったも同然です。

そのようなことを防ぐためには、「南京大虐殺はなかった。虐殺すべきは不勉強なエセ歴史学者、不勉強なエセジャーナリスト、不勉強なエセ代議士である」と、教えるべきです。

韓国併合を必要とさせたのは韓国のほう――渡部

渡辺美智雄氏が、韓国併合は「円満に」行われたという趣旨の発言をして、たいへん大きな問題になりました。「韓国併合は円満に行われた」というのは、これまでの私の持論であったわけですが、渡辺美智雄氏がそのように言うと現役の政治家の発言となりますので、たしかにまずいところはあったかも知れませんが、日韓併合に関する勅語を見れば、円満と言ってもおかしくない文言であることはたしかです。韓国の側が円満でなかったと言うのは自由だけれど、日本としては円満であったことはたしかです。

韓国に対して迷惑をかけたかも知れませんが、迷惑ということでいうと日本もそうとうな迷惑を被りました。

日本は韓国を植民地にする気はなかった。伊藤博文は、植民地化反対の代表だった。それを韓国人安重根《あんじゅうこん》は暗殺した。それは占領直後のマッカーサーを、右翼が暗殺したようなものです。日本人は日露戦争の勝者です。どんな報復があるか分からない。コリア人は震え上がった。その状況を丸く治めるために、両帝合意の形で併合案が浮上したのでした。

韓国併合を必要とする状況を作り出したのは韓国のほうであり、それを見つめていた世界中の国が反対をしませんでした。ですから、「円満かつ合法であった」と渡辺氏は言えばよかったのです。「侵略だ、収奪だ」などという声も聞かれますが、日本は朝鮮人個人から税金を取ったことはありませんでした。それに主だったインフラはすべて日本が建てました。朝鮮人に学校でハングル語をキチンと教えはじめたのも日本です。それまでの朝鮮王朝は人々に組織的にハングルを教えたことはありません。「ねずみ」だとか「月」だとか「みみず」だとか、そういう言葉を書いて農民に見せた例は少数あるけれど、教育というレベルではなかったのです。ハングルを作ったというのは自慢しているが、自慢したって普及はしない。普及させたのは日本なんです。

日本が撤収してから韓国では誰もがハングルを書くようになりましたが、それ以前にハングルで書かれたこれという文学作品が一点でもあったら見せてほしいですね。ごくごく少数ハングルで書かれたものもあるかもしれないけれど、それらは文学のレベルではありません。文学作品と称するものはゼロです。

そういうことを日本の政治家ははっきりと言えばいいんです。

住民の皆殺しは帝国主義の本質――小室

以前韓国人と論争をしていた時、日本の帝国主義的侵略によって韓国はひどい目にあったと言われたことがありました。それに対して、私は、「日本帝国主義などと言うけれど、日本人が韓国人を皆殺しにしようとしたことが、かつて一度でもあったか」と言い返してやりました。すると、相手は黙ってしまいました。

帝国主義国というのは、住民の皆殺し、すなわちジェノサイドをやるものなのです。スペインがそれをやったということは皆さん知っているけれど、英国やフランスだってジェノサイドをしている。時と場合によっては住民を皆殺しにした。そして奴隷を連れてきて、プランテーションをやって植民地を作ったんです。

また、ジンギスカンもそういう計画を立てたことがある。実際には**耶律楚材**《やりつそざい》に必死に止められてそれは計画だけで終わってしまったのですが、ジンギスカンは中国人を皆殺しにしようと考えていた。帝国主義の本質とはこういうものなのです。

〈耶律楚材〉（一一九〇～一二四四）モンゴル帝国の政治家。遼王室の子孫で、金朝に仕官したが、一二一五年、モンゴル軍が北京に侵入した際、ジンギスカンの招聘に応じ重用される。ジンギスカンの死後、太宗を即位させ、税制整備など華北の経営に尽力し、モンゴルの中国統治の基盤を確立した。

韓国・北朝鮮と無理に仲良くなる必要はない――渡部

大昔でなくても、そういう例はあります。今から一五〇年前くらいにアイルランドでポテト飢饉というものがあり、そこでは人口の何割かがバタバタと死にました。しかし、そのときイギリスの内閣は、「アイルランドは人口が多すぎるから、少しは死んだほうがいい」と言って助けませんでした。しかし、日本はそのようなことを一度もしなかった。日本が韓国にしたことはと言えば、ハングルを人々に教えたこと、主なインフラを建てたこと、税金を一銭も取らなかったことなどです。

また、苗字をむりやり日本風に変えたなどということが言われていますが、そのような事実はありません。創氏改名というのは嘘なのです。書類の書式を見てみれば、それが嘘だということが分かります。「創氏改名をした書類を出さないと不利だった」と彼らは言いますが、そんなことはまったくなかった。それが証拠には、洪思翊《ホン・サイク》中将を見るといい。洪中将はずうーっと洪という苗字で通していて、日本の軍隊で親補職という最高職にまでなったのです。日本人風の名前をつけなかったから出世できないということではなかったのです。

　だから私はこう思うのです。個人個人としてみれば朝鮮人の中には、教養もあり個人的信義を守る人もいる。私がエジンバラに一年滞在していた時には、朝鮮戦争で北朝鮮から逃げてきた信用できる朝鮮人男性を家賃なしで東京にある私の家に住まわせました。それだけ信用できる朝鮮の人が、個人的にはいるわけです。ところが国ということになったとたんに、地位のある人も平気で嘘を言う。歴史でも何でも、信念に関係ない発想法になる。これが一つです。

　日本人は、不利なことは言わないでおこうとするところがある。それから無知で何かを言ってしまうこともある。しかし、明らかに知っていて嘘はまず言わない。しかし向こうは、明らかに知っていても平気で嘘を言うことがあるから、注意しなければいけない。

　もう一つは、韓国の言論は、戦争中の日本におけるイギリスに対する言論のようなものであるということです。日本人の大部分は、戦争をしている時でも戦前の日英同盟時代のイギリスを知っていた。ですから、イギリスの立派なところ、イギリスのいいところを知っている人はいっぱいいいたわけです。しかし戦争中はイギリスのことを公然と褒めることはできなかった。鬼畜米英と言わなければ、戦争はできませんから。

　ところが韓国では、戦後も戦争中と同じで、ずっと鬼畜日本なんです。それを理解しなくてはいけない。個人のレベルになれば、日本の時代は良かったという人もいる。しかし今の韓国の言論状況は、戦争中の鬼畜日本をいまだに続けているんです。それを理解しないで、まともに応対してはいけません。

それから第三は、韓国と仲良くしようとして無理をするなということです。北朝鮮と韓国ほど、悪口を言い合って仲の悪い国はない。おそらくイスラエルと周囲のアラブ諸国を除けば、北朝鮮と韓国が世界で一番仲が悪い。汚い言葉で罵り合っているんです。

ヨーロッパ諸国は、ドイツが統一されると強大になって困るから、占領地区を四つに分けて占領しました。そのために、ドイツは統一したくてもできなかったのですが、ベルリンの壁が崩壊する状況になったら、すぐに統一しました。

ところが、朝鮮半島に対しては、二つに別れてくれなんて誰も言っていません。なのに、お互いに別れてケンカしているのです。そんな国と、我々は仲良くできなくたって恥じゃない！自分の民族の中で仲良くできない国が、隣の国と仲良くできるはずはないでしょう。そんな国と日本が仲良くできないからといって、日本が恥じる必要は全然ないのです。「ああいう国なんだから、日本と仲が悪いのは当然なんだ。ああ、結構ですよ」と、言いましょう。もっと怒って、通商中止でいいじゃないですか。「なんだってやりなさい、こっちは結構です」と、「北朝鮮と仲良くなってから、外国とも仲良くなってください」と、こう言ってやればいいんです。何もピリピリする必要はない。あの国は、そういう国なんですから。

第四に、戦後の朝鮮に関するべらぼうな話があります。それは**好太王**の碑を否定するなんて馬鹿なことを、朝鮮の学者が言い出したということです。ところが、それを日本人の学者はちゃんと反駁しないのです。幸いにしてあの碑は、旧満洲側（中国側）にありましたから、壊されないで済んでいますが、あれは東洋史における最大の歴史的証言の一つなのです。好太王という高麗の偉い王様の碑に当時の状況がみんな書いてある。そのなかには、紀元四〇〇年頃、平壌まで日本兵は来たことも書いてあるわけです。戦後の日本の歴史学者は、こんなに重大なことに対しても、発言できないという状況にあるわけです。

さらに付け加えれば、徳川時代には朝鮮の通信使が盛んにやってきました。最近書かれた本を見ますと、勅使が江戸に行った時にこれを迎えたのは吉良家のような高家だったが、朝鮮の通信使が来ると老中が迎えたと、国立大学の立派な先生たちがこぞって書いている。つまり、幕府は朝鮮通信使を皇室よりも丁重にもてなしたなどというのです。

これは、じつに奇妙な見方ですね。日本から朝鮮に通信使が行ったことがありますか。ないはずです。ということは、朝鮮のほうが一方的に朝貢してきているわけです。ところが、そういう肝心なことを専門の学者は言わないわけです。朝鮮通信使というのは、日本に一方的に来ているのであって、日本から答礼はしていないのです。それを、朝廷からの使者よりも高いもてなしをしたなどと書くのは、朝鮮人に対しておもねっているだけのことなのです。

日本の歴史学者の多くの人は、それは惨めなものです。個々の事実は知っているけれど、その見方を全く知らない。朝鮮通信使のことも本当には知らない。彼らが来ると、まるで福の神でも来たように、毎回毎回日本人がペコペコして、いかにも偉い人が来たという感じで出迎えたと日本の学者は書くのですが、冗談じゃない。向こうから来るばかりで、こちらからは一度も行かないのだから。これは、朝鮮半島と清の関係と同じです。向こうでは、そういうことをやらなければすぐに潰される。ことによると、第二次朝鮮出兵をやられるのじゃないかと、それを恐れて朝貢《ちょうこう》に来ているわけです。

〈好太王〉（三七五〜四一三）　高句麗第一九代の王。別名を広開土王。百済、新羅、駕洛諸国、倭と戦い、領土を南方に拡大。高句麗王国の基礎を築く。王陵碑は中国吉林省輯安県城郊外の鴨緑江岸にあり、倭関係の記載が少なくない。

中国では、皇帝と王では天地の開きがある――小室

公式の文書を見ましても、向こうは「朝鮮国王」として来ているのです。ところが「日本国王」というのはちょっと朝廷に畏れ多いから、日本側は「日本国　源秀忠」などと書いてある。将軍というのは外国に対して具合が悪いので書かなかった。

中国的なランクで言えば、皇帝と王では天地の開きがある。日本では皇帝も王も同じようなものだと思っているけれど、中国では大違いです。

キングというのは、「氏の長者」という意味——渡部

足利義満は国王という言葉を使っていたわけですから、王という言葉は日本でも使っていいわけです。王というのは、もともとは「氏の長者」という意味です。キングというのは、オールド・イングリッシュでは、キニングなんです。一族のことをキンといい、イングは長なんです。だから王は氏族の長であり、キンのイングで、キニングなのです。

ですから、日本でも源氏の氏の長者はキングです。藤原氏の氏の長者も、平家の氏の長者もキングでいいんです、本当は。だから、僕は足利義満が王と名乗ってもそれは構わないと思う。足利氏の氏の長者という意味ですから。豊臣秀吉だって王で構わないと思うけれども、秀吉を王に任じたのが向こうの帝だったので怒ったわけです。

その後、明治になってから、イギリスのキングとかフランスのロアを「王」と翻訳しました。すると、「あの大英帝国のキングが王なのだから、王は偉い」ということになってしまったのではないでしょうか。日本では、ずうっと昔から王が偉いと思っていたわけではないはずです。天皇の子供は皆、なんとか王と呼ばれていたわけですから、王はけっこうたくさんいたわけで

す。

日本の朝鮮統治は、ずうっと赤字だった——小室

偉ければ親王になって、親王にならない人が王でした。

それから今、渡部さんの言われたことを別の側面からコメントしますと、まず、日本はこれまで一度も大量虐殺を企んだことはないというのが一つ。それから、「日本の帝国主義に侵略されることをいまだに恐れている」などという発言に対しては、「もう頼まれたって、侵略なんかしてやらねえぞ」と答えればいいということが、二つ目です。

一五～六世紀のスペインと間違えるなと言うのです。確かにあの頃は、侵略して奴隷にすれば儲かったから侵略のしがいもあったけれど、一九世紀の半ばには侵略というのは引き合わないものになっているんです。その証拠に、一九世紀の終わりには、英、仏、独の国力がほとんど同じになったでしょう。工業力では一八九〇年にはドイツが英国を抜いたんですが、当時のドイツ植民地はゼロに近い。英国は世界の一番いいところを四分の一持っていて、フランスは英国の三分の一持っていた。ところが、三つの国の国力がほとんど同じなわけだから、侵略なんてもはややりがいがないんです。実際、日本だって朝鮮統治で全然得をしていません。ずうっと赤字でした。

朝鮮半島の人は、本当の戦争をやったことがない――渡部

伊藤博文はそこが分かっていたから、「絶対に植民地にはしない」と言っていた。内外にそう言っていたのに、朝鮮人はそれを暗殺してしまった。その犯人が英雄だっていうんだから。向こうがそう言うのは勝手だけれど、こっちに言わせれば大馬鹿者ですよ。終戦直後に、日本人がマッカーサーを暗殺するのと同じ愚かさです。

それは、本当の戦争をやったことのない国の愚かさなのです。暗殺とか、デモとかそんなことしかできないのです。日本のように堂々と日清戦争、日露戦争、大東亜戦争をやった国は、暗殺なんてチャチなことはやりたくないのです。ところが朝鮮は、日露戦争の時も一連隊も出しはしなかった。ただ一度本当の戦争をしたのは朝鮮戦争でしたが、これはじつにいびつなことに、同じ民族同士の戦いだったのです。

帝国主義はもう引き合わない――小室

韓国が日本の侵略を本当に恐れているなら、なんで釜山に大要塞を作らないのかってことです。釜山に軍事基地一つ作らないで、軍事基地はみんな北を向いてるじゃないですか。だから、「日本の帝国主義を本気で恐れているのか」って聞いてやれば、彼らは黙りますよ。一言、「釜

山要塞を見せてくれ」って言えばいい。

それから、帝国主義というのはもう引き合わなくなったということ。だって、生産性の低い国とか地域なんかを抱え込んだら大変でしょう。その国や地域も日本国だということになれば、面倒を見なくちゃいけなくなる。外国であれば、援助だけで済むのだけれど、自国民ということになれば大変だ。それに現代では、資源が欲しければ貿易をやればいいんですから。

つまり、古い帝国主義の時代とは根本から変わってしまったのだから、「どんなに頼まれたって、侵略なんかもうやってやんないぞ」って言えばいいのです。

日韓併合に人種差別はなかった――渡部

日韓併合に関する明治天皇の御詔勅には「朝鮮の人たちは今後、朕に直接に従うものである」と書かれてあります。ということは、日本政府にしてみれば、朝鮮人に対して日本人と全く同じ権利を与える義務が生じたわけです。さらに、韓国の皇室および皇室関係者はその身分に相応しく受け入れると、ちゃんと詔勅にある。だから、韓国の皇室は日本の皇室になったわけです。そして、明治天皇の孫娘かなんかと結婚したわけですよ。これは絶対に人種差別じゃないです。

今の韓国人は、韓国は昔から栄えていたみたいな顔をしていますが、昔の韓国は全く箸にも棒にもかからない国で、産業ゼロ、通貨すらなく、政治は乱れきっていたわけです。だから、日本がそこにつぎ込んだカネは大変なものでした。統治中に、朝鮮人の個人から日本は税金を取ったことがありますか。ないでしょう。すべて持ち出しです。だから、あんなことはもう頼まれたって嫌だというわけです。

一方で征服しておきながら、他方で平等にやりますというような併合だった ――小室

それをハッキリ言ったのは石橋湛山だけど、普通の日本人はなかなかそこまで気が付きませんでした。ですから、一番よい方法だったのは、伊藤博文にちゃんと東洋の歴史が分かる歴史家が付いて、「今のままの状態でいいから、朝鮮王に対して天皇が封冊《ほうさく》を出すようにしなさい」と言ってやることだったのです。天皇の勅令によって、例えば**李垠**《りぎん》を朝鮮王に封《ほう》ずるという形にすればよかったのです。だって、それまでは清国がそれをやっていたんだから。すなわち、大清の皇帝が、李氏を朝鮮王に封ずるのです。朝鮮王は大清皇帝へ朝貢《ちょうこう》するのです。朝鮮は年号も大清の年号を用います。「主権国は対等」「外交は対等に行う」というのは、近代ヨーロッパ国際法の考え方でして、古代中国の国際法には、この考え方はありません。

中国の皇帝は全世界の主でして、外国の王は、すべて皇帝の臣下です。「外交」はすべて、

王が皇帝へ朝貢するというかたちをとります。それ以外は許しません。皇帝は王を任命（封ずる）します。

でもこれ、「属国」というわけではありません。

「宗主国→属国」という考え方は、近代欧米国際法の考え方です。

古代中国には、これはありません。

王は皇帝の臣下ですが、皇帝が王に、いちいち内政干渉するのでもありません。王は独自に軍隊を指揮し、独自に外交します。この意味で、王の国も「独立国」です。が、独立国でも中国の臣下です。

近代欧米の国際法とは考え方が全然違いますから注意してください。

朝鮮は、清の臣下でしたが、そのまえは明《みん》の臣下でした。

朝鮮の前代の高麗王朝は元の臣下でした。

その前の新羅《しらぎ》は唐の臣下でした。

古代よりずっと中国の臣下であり続けてきました。

この歴史を思い出すと、独立朝鮮が日本天皇の臣下であっても差し支えないわけですが、正史を知らない日本人には、このアイディアがありませんでした。

要は、「大日本帝国天皇が李垠を朝鮮国王に封ず」という、勅語を出せばよかったのです。

日本が朝鮮を併合したときに、世界の国が何の文句も言わなかったのは、日本が外交権を押さえ軍事権を押さえていたのだから、「大韓帝国」はすでに日本の属国と同じことだったからだと、英国の国際法学者が述べています。だから、いまさら併合したって外国が文句を言うはずはないというわけです。

ところが、そういうことを朝鮮人ってのは理解しないんです。軍事・外交権をこちらが収めた時に、朝鮮で文句を言った人は一人もいない。国際法を知らないからね。ところが李王朝を廃止した時にはものすごい抵抗が起きた。だから、李王朝を廃止する必要はなかった。ただし、清の皇帝から封冊を受けるのではなく、日本の天皇から受けるのだとすればよかったのです。それで充分だったんです。韓国人（朝鮮人）は、近代欧米の国際法は知りません。が、古代中国の国際法は知っています。王がいれば外国の封冊をうけても「独立国」だと思っていました。そう思っているのですから、日本天皇が臣下にして封冊を授けても李王朝が残っていれば「独立国」だと思います。そうすれば朝鮮人も満足し、日本人も恨まれることは全然なかった。

だから、日本人と朝鮮人が対等であるというあの詔勅は大間違いです。だって、対等であるわけないんです。征服者と被征服者なんだから。あんなもの出すから、あの詔勅を読んだ朝鮮人は喜んでしまったわけです。

それから、日清戦争の詔勅も日露戦争の詔勅も、戦争の目的は朝鮮の独立にあると書いたでしょう。そんな詔勅を出しておきながら後になって併合すると、「何事か」ってことになる。安重根《あんじゅうこん》はこの矛盾をついたのです。「日本は、朝鮮の独立のために日清、日露戦争を戦う」と勅令を出しておきながら、朝鮮の独立を奪おうとするとは何ごとか、と。そんなことを企てる伊藤は、天皇をあざむきたてまつり、日清、日露戦争で戦死した日本人は伊藤博文に殺されたということになる、と。それで、戦死者の仇を取ってやるということで、伊藤博文を暗殺したわけです。そのときに、ちゃんと「天皇陛下万歳」と書いてあって、日本人は感激するわけですが。

日本人は頭が論理的に働かないから困るんです。平等に取り扱うと言うと、解放宣言になるのです。解放宣言を出しておきながら、実際には平等になんて取り扱ってはいません。朝鮮人が怒るのも当然です。日本人は何と嘘つきなのだろうと。

もっと悪いことに、このことに気付いた日本人はいません。昔も今も。

こんなによくしてやっているのに（学校を作ってやったの何のかんのと。欧米帝国主義諸国に比べれば）朝鮮人はあんなに恨むのだろうといぶかります。

頭が論理的に動かないのは困りものです。最大の問題は、日本が明治二三年に大日本帝国憲法を作ったけれど、憲法は内地にだけ適用されて、朝鮮に適用されなかったという点です。だから、帝国議会において、朝鮮人民には選挙権も被選挙権もないんです。これは、明らかに征服でしょう。一方で征服しておきながら、他方において平等にやりますと言う。これだからダメなんです。しかし、だからといって、「汝らは朕の征服民なるぞ」、なんて勅語を出す必要もないんであって、あくまでも李家を朝鮮国王に封ずればよかったのです。そのうえで、帝国議会の選挙権を与えるべきでした。そうすれば、一七〇〇年以降のイングランドとスコットランドとの関係に近くなります。東洋式同君連合《ダブル・モナーキー》ですか。参政権を与えておけば、ひとりでに、だんだんと実質的に平等になってゆきます。とくに詔勅を出さなくても、解放宣言をしなくても。

〈李垠〉（一八九七〜一九七〇）　李朝最後の皇太子。一〇歳のとき日本留学。一九一〇年、韓国併合の折に皇族に列せられ、二〇年、梨本宮方子と結婚。陸軍中将で終戦を迎え、祖国への帰還を希望するも、李承晩政権に拒否される。朴政権成立後の一九六三年、五六年ぶりに祖国へ帰還。

国王に戻れなんて言えない――渡部

ただ、朝鮮を独立させることを目的として日清戦争をして、日本が勝ってシナの勢力を一掃した。それで朝鮮半島始まって以来、初めて皇帝が生まれたんですよ。だからこれは難しい。

お前、国王に戻れなんて言えないし。

王に戻れでいいんです――小室

しかし、皇帝にしたのは日本でしょう。向こうだって、皇帝というのは……と思ってますよ。千何百年も王だったんだから、王に戻れと言ってもよかったんです。朝鮮の王じゃなくしてしまうと言ったものだから、国を盗んだと言われてしまったわけです。

ここらへん、朝鮮人は事大主義だから、王に戻れでいいんです。皇帝なんて称したことは一度もないし、だいいち年号を持ったこともないんだから。

日本は百済援助のために軍隊を派遣したことがある――渡部

伊藤博文を暗殺したことで、朝鮮の中に震えが走ったんです。日露戦争に勝った国に睨まれたらどうなるんだと。実はその恐れがあったからこそ、朝鮮内部でも日韓併合の議論が起きました。そして、その論拠とされたのが日韓同祖論だったのです。まあ、おそらく百済あたりまでなら、同じ祖先だと言ってもよかったでしょう。

日本の長い歴史の中で、外国を軍事援助したのはあの百済援助だけでした。百済は唐と戦わなくてはならないということで、当時として破格の大軍を送りました。その後、青島にも軍隊を送るということがありましたが、何度頼まれてもドイツの戦場にはとうとう軍隊を送りませんでした。

日本は韓国に嫌われていない――小室

日本が外国に大軍を送ったのは百済救済だけです。これを言えば韓国は黙ってしまいます。日本が韓国に嫌われているなどと言うのは、日韓の歴史を何も知らない人の言うことです。

連立時代の「侵略発言」を叱る

首相が「侵略戦争」と発言することの意味――渡部

かつての自民党副総裁であった故川島正次郎氏は、「政治は一寸先は闇」という名言を吐きましたが、細川内閣の誕生［一九九三年］もまったくその通りでした。細川内閣は、誕生する寸前まで、多くの人にとっては予測だにしない事態でした。

細川［護熙］さんの日本新党が、社会党や公明党と組んだことに対する批判があります。しかし、政治の世界は、権謀術数、合従連衡を常とする世界であるわけですから、これは了といたしましょう。そしてさらに、当選回数三回（うち二回は参議院）にして首相にまで駆け登ったことについては、細川さんのカリスマ性を示す出来事として、祝福をしたいと思います。それに、上智大学というまことに小さな大学から、首相が誕生したということは、私も卒業生の一人として、心から嬉しく思っていました。

ところが、その細川さんが、「日本は侵略戦争をした」ということを認める発言をされました。なんでそのような発言をされたのか。「お前の教えかたが悪かったからだ」と冗談を言う人もいますが、細川夫人のほうは英文学部でしたので英語をお教えしましたが、細川元首相のほうは、お教えする機会には恵まれず、卒業後も、日本の正史について親しく語り合うという機会がありませんでした。

そこで、考えたのですが、細川さんは上智大学をご卒業されると、朝日新聞社にお入りになっています。そこで、当時の「朝日新聞史観」ともいえるものをたっぷりと吸い込まれたのではないでしょうか。

大東亜戦争の戦後処理としては、サンフランシスコ講和条約があります。日本は、基本的にはこの講和条約において、正式に連合国側との戦後処理を定め、各国の議会がこれを批准しました。日本は、この対日講和条約にしたがって、賠償すべきものは賠償しました。さらに、サンフランシスコ講和条約に署名しなかった国も、この講和条約が成立するや否や次々と日本と講和条約を締結し、日本は、それぞれの条約にしたがって戦後処理を行いました。

そうして、正式な手続きを踏んで、キチンと処理し終わったものを、どうして今頃になってわざわざ蒸し返し、謝らなければならないのでしょうか。

そのような戦後の歴史をまったく無視して、細川さんが「侵略」発言をするものですから、諸外国は喜びました。当然のこととして、「サンフランシスコ講和条約の規定では足りないので、もっと補償金を払ってくれ。国と国との正式な話し合いはすんでいるので、日本政府からはむずかしいと言うのなら、民間からでもいいから、とにかく払ってくれ」と、いうような声が起きたわけです。

この種類の主張は、前後に「外国の反響がよかった」とか「日本の姿勢を評価する」などという装飾がつくので、これに眩惑されて本題を見失いがちですが、要するに、スキあれば経済大国日本から補償金を引き出そうというものです。その代表的なものは、「産経新聞」の「正論」欄に掲載された元駐日イギリス大使のサー・ヒュー・コータッチ氏の意見でした。彼は、次のように述べています。

細川首相が第二次大戦のさいの日本の行動に謝罪の意を述べたことは、海外では温かく迎えられた。（中略）東南アジアで捕虜になり帝国陸軍から残虐行為を受けた英国人は、サンフランシスコ平和条約第一六条が適正な補償を規定したことを認めず、長年、適正額の補償金を要求してきている。これは日本には困難な問題だろう。今でも障害で悩んでいる元戦争捕虜に医療援助をする私的な基金でも設立することは賢明なことだ。細川首相の発言に対する石原慎太郎氏ら右派の反応は、海外における日本のイメージを損なう形で報

じられていた。(「産経新聞」平成五年［一九九三年］一〇月二六日)

これは、まったくバカバカしい意見です。物は言いようというよりも、日本人をまったくバカにしきっているとしか思えません。このようなことを、よく日本の新聞に書くと思います。しかし、細川首相も注意しなければならないことは、一国の首相が謝罪をするということは、それほどの意味を持つということです。

日本の首相が、大東亜戦争について「侵略戦争であった」として、「謝った」ということになれば、まず第一に、多くの国々の人々が、「きっとなんらかの補償をしてくれる。お金を払ってくれる」と期待するでしょう。実際に、この細川発言以降に、世界でそのような動きが起き、それは盛り上がりつつあります。

〈川島正次郎〉(一九〇九〜一九七〇)「東京日日新聞」(現在の「毎日新聞」)記者を経て、衆議院議員となり、一三期を務める。戦後は、公職追放となるが政界復帰を果たし、保守合同による〝五五年体制〟に尽力し、池田、佐藤内閣期の自民党副総裁として、長期保守政権を支えた。

〈細川護熙〉(一九三八〜)上智大学法学部卒業後、「朝日新聞」記者を経て、七一年参議院議員となる。八三年より熊本県知事を二期務め、「権力は一〇年すると腐敗する」として、県知事三選には不出馬。九二年日本新党を結党。九三年首相に就任。連立政権時代の端緒を切り開いた。「戦後五〇年決議」においては、新進党提出の修正案を起草したが、村山連立内閣と合意に達せず、衆院における決議採択の当日は、他の新進党党員とともに、全員欠席をするというかたちで、「戦後五〇年決議」反対の意思を表した。

田中角栄最大の功績が水の泡ともなりかねない――小室

細川首相は、昭和二桁世代の最初のほうでしょう（昭和一三年生）。この世代の人たちは、基本的には東京裁判史観しか教えられていないわけです。

それ以前の世代は、戦前の教育を受けていますし、戦争中のことなども記憶にあるでしょう。それに、昨日まで学校で「鬼畜米英」と教えていた先生が、終戦になるやいなや、あっというまに「民主主義」に衣装替えしたことを見ています。これは決定的ではないでしょうか。そのような体験をすれば、「学校ほど当てにならないものはない。学校で教えていることはすべてインチキではないか」と思うようになるのは、ごく自然の成り行きです。

ところが、昭和二桁となりますと、それ以前の段階が希薄で、物心ついたときからデモクラシーであるわけですから、学校教育に対する不信感などもそれほどは育っていません。そこに、東京裁判史観だけを教えられたわけですから、とても素直に聞き入れてしまう。かくして、日本が侵略したということを、あたかも自明のごとくに思い込んでいる日本人が大量発生してしまったのでしょう。

ですから、細川首相の世代の人々が、あの戦争を「侵略戦争」であると、頭から思い込んでいることに関しては、しかたがないところもあります。しかしながら、一国の首相ないしは外務大臣、ときによっては大使が、一言、「わが国は、貴国と戦闘状態にあり」と、発言したならば、もうそれだけで宣戦布告をしたことになり、戦争になるというのは、国際社会の常識です。「この条約は、意味がありません」と、しかるべき地位にある人が発言をすれば、もうそれだけで条約破棄になるわけです。

ですから、一国の首相が、「かつてわが国は、侵略戦争を行った」と、発言したならば、すべての賠償請求を支払う義務が生じるわけです。だからこそ、そのようなことがないように、戦後の歴代の内閣は、苦心惨憺してきたわけです。

それに、田中角栄が、「中国に毛沢東や周恩来が生きているあいだに、どうしても日中国交正常化をはからねばならない」として、日中国交正常化を急いだのは、毛沢東や周恩来ならば、当時の状況を熟知しているので、賠償など本気では要求しないはずだ、と踏んだからでした。

実際に、田中角栄は、交渉に交渉を重ねて、周恩来に賠償要求を棄てさせました。もっとも、交渉中には、周恩来が激怒するなどということもあったようですが、それでも臆せずに交渉を重ね、「侵略戦争」だとか「日本に賠償の義務あり」などということが一切入らない日中共同声明をつくるまでに至ったわけです。その田中角栄最大の功績ともいえるものが、細川発言において水泡に帰することになりかねなかったのです。

〈周恩来〉（一八九八～一九七六）日本に留学したのち五・四運動で活躍。のちフランスに留学し、中共フランス支部を組織。西安事件以来、国共合作に努力。中華人民共和国成立とともに、政務院総理兼外交部長となり、以後死ぬまで首相を務め、外交の最高責任者として活躍。

「アイム、ノット、ソリー」と言い放ったブッシュ大統領――渡部

真珠湾攻撃後五〇年を記念するさまざまな行事がハワイであったとき、日系市民の団体やマスコミ関係者によって、私もこれに呼ばれました。そのとき、ちょうどブッシュ大統領（当時）も現地に来ていて、記念式典でスピーチを行いました。

そしてその後の記者会見で、アメリカ人記者から、「あの戦争が原爆で終わったことをどう

思うか？」との質問がでました。すると、ブッシュは、毅然として、「アイム、ハット、ソリー」、私は、申しわけない、すまないとは思わない。そう答えました。

すると、どのように答えるのかを固唾を呑んで見守っていたアメリカ人の聴衆は、万雷の拍手をこの大統領に送りました。

原爆の投下を正当と感じる人間など、存在するはずがありません。広島、長崎ともに、原爆によって死んだ人間のほとんどすべては非戦闘員です。日本への原爆の投下とは、まったくの民衆殺しであったわけです。明々白々なジェノサイドです。

広島への原爆投下は、「早く戦争を終わらせるため」であったというのが、最もポピュラーなアメリカ側の言い訳です。それ自体きわめて奇妙な理屈であるわけですが、もしもこの論理で原爆の投下を正当化するのであるならば、長崎への第二回目の原爆投下は、いったいいかなる理由によるものであったのでしょうか。

広島への原爆投下で、日本側が急いで戦争を終わらせようと動いていたことは、アメリカもよく知っていたわけです。にもかかわらず、何故、長崎に原爆を投下したのか。

敗戦の年（一九四五年・昭和二〇年）の八月六日に投下された広島の原爆は、直径七一センチメートル、長さ三・五メートル、重さ四トンのウラニウム爆弾第一号でした。これは、TNT火薬二万トンに相当し、一瞬にして二四万七〇〇〇人（一九五〇年広島市調べ）の人命を奪いました。二四万七〇〇〇人というのは、あくまでも一瞬にして失われた人命ということであり、その後に原爆症により死亡した数は、これをはるかに上回っています。

その三日後の八月九日。今度は長崎に、直径一・五二メートル、長さ三・二五メートル、重さ四・五トンの広島に投下したものよりも一回り大きく、直径が二倍近いファットマン（太っちょ）とあだ名されるプルトニウム原爆が投下されました。この原爆によって七万三八八四人が一瞬のうちに死亡し、同じくらいの数の重軽傷者が出ました。そして、その後に、ここでも原爆症で多くの人が苦しみながら死んでいきました。

以上のことは、よく知られていることですが、重要なのは、長崎の原爆の種類です。広島の原爆がウラニウム爆弾であったのに対し、長崎の原爆はプルトニウム爆弾であったのです。つまり、アメリカは二種類の原爆をつくっていたわけであり、その両方を日本に投下したのです。

「広島において、ウラニウム爆弾の威力はよくわかった。だから、今度は他の場所にプルトニウム爆弾を落としてみたい。プルトニウムの威力を試してみたい」

というのが、アメリカで原爆製造計画（マンハッタン計画）に携わった研究者たちの、そしてまたアメリカの偽らざる本音だったのではないでしょうか。

いくら戦争中であるとはいえ、二発の原爆で一挙に三〇万人を超す非戦闘員の生命を無差別に奪ったわけですから、これを行わしめた国の大統領が、ソリーでないわけがない。しかしながら、だからといって、いまさら大統領が公に「ソリー」と発言すれば、民間賠償などの問題が新たに発生し、ひどくややこしいことになる。しかも、日本とアメリカという国のあいだでは、正式に処理し終わった件でもある。そこで、あえて「アイム、ノット、ソリー」と言い切ったということでしょう。それが、国際的なセンスというものです。

原爆投下こそが、最大の国際法違反——小室

原爆の投下は、一九〇七年に締結されたハーグ陸戦協定違反です。ハーグ陸戦協定においては、住民に対する無差別殺戮というものを明確に禁止しています。これが一つ。

二つ目には、「住民に対する無差別殺戮」を最も強く非難したのが、じつはアメリカでした。具体的には、日本軍による重慶の爆撃に対して、アメリカはハーグ条約を持ち出して、猛烈に非難をしたわけです。

ところが、この重慶爆撃は、いたしかたのないことでした。というのも、一九三七年（昭和一二年）七月七日に蘆溝橋事件が起こり、その年の一一月に国民政府は首都を重慶に移します。これは、前線から遠く離れていて安全なのと、アメリカ、イギリスによるビルマ（現・ミャンマー）経由の援助に便利だったからです。そうして、終戦後の一九四六年四月まで、国民政府の首都は重慶であったわけです。ですから、日本はこの国民政府の首都を何度も攻撃します。

しかしながら、重慶爆撃は、広島・長崎への原爆投下とは根本的に違っていて、その目標はあくまでも軍事施設であり、蔣介石でした。ところが、重慶は軍事施設と民間施設とが非常に入り組んでいたわけです。当時の日本としては、鉄砲の弾一つでも貴重品であったわけですから、軍事施設に狙いを定めて爆撃をしたわけですが、たまたま外れて民間施設に当たることがあった。それをアメリカが厳しく責めたてたわけです。

そのアメリカが、日本が重慶を爆撃した爆弾とは比べ物にならないほど強力で、後々にまで恐ろしい被害をもたらす原爆を、広島と長崎に投下したわけです。広島の原爆は、市の中心部の島病院の上空で爆発しました。一瞬にして広島全市の六割が破壊しつくされ、島病院を中心として五〇〇メートル以内の人が即死したわけですから、これは軍事施設を狙ったとは到底言えません。また、長崎には、そもそもさしたる軍事施設などありません。あえて探せば造船所ということになるのでしょうが、当時の長崎造船所が戦艦大和の後続戦艦をつくってなどいなかったことは、アメリカは百も承知であったはずですし、投下した場所も造船所からはかなり離れています。これこそが、明白な戦争犯罪です。

ザ・グレートの鉄則——渡部

広島も長崎も明らかに非戦闘員たる住民の大量殺戮を狙ったものであったわけですが、アメリカ大統領は「ソリー」とは言わない。
これはキリスト教の伝統があるためです。
キリスト教の場合、聖書に次のように明確に記されています。

あなたたちは敵を愛し、自分を憎む人に善を行い、自分を呪う人々を祝し、自分を讒言《ざんげん》する人のために祈れ。あなたのほおを打つ人にはほかのほおを向け、がいとうをとろうとする人には上着をも拒んではならぬ。あなたに求めるすべての人に与え、あなたの持ち物を奪う人から取り戻そうとしてはならぬ。

（ルカによる福音書六、二七―三〇、フェデリコ・バルバロ訳）

ですから、多くの西洋人は、基本的にはこの神のアドバイスを受け入れ、人間としてのあり方の前提としています。しかし、だからといって、これまでのキリスト教国の君主が、すべからくそのようにしてきたかというと、そのようなことはありません。
敵が襲撃してきて、自国の南部を占領したからといって、「がいとうをとろうとする人には上着をも拒んではならぬ」という精神で、「北部のほうもどうぞ」なぞという王様がいたとしたら、領民や国民はたまったものではありません。

ザ・グレート、すなわち「大王」といわれるような人は、命懸けで異教徒と戦った人なのです。ザクセン朝第二代のドイツ国王オットー大帝（九一二〜九七三）は、周辺の諸民族のキリスト教化にとても熱心で、学芸を厚く保護し、ローマ教皇から、初代の神聖ローマ皇帝として戴冠されました。ですから、生え抜きの敬虔なクリスチャンであるわけですが、じつによく異教徒と戦っています。

北のデーン人の侵入を防ぎ、東のウェンド人を支配してキリスト教化を推進し、さらにマジャール人の侵入を決定的に破り、夥《おびただ》しい数のスラブ人を捕らえて奴隷にしたことにより、スレイブ（奴隷）という言葉が生まれたほどです。

イングランドのアルフレッド大王（八四九〜八九九）も、キリスト教信仰の厚い王であり、文芸にも意を用い、学校をおこすとともに、ラテン古典書の英訳を奨励し、自らも翻訳にあたったほどの文化人です。しかしながら、このアルフレッド大王も、異教徒に対しては断乎として戦いました。

バイキングと戦って境界を確定し、バイキング支配地域下にあるサクソン人の生命、財産をも防衛することに成功しています。そして、その後も騎士軍や民兵の編成にとても熱心に取り組み、海軍を創設し、アングロ・サクソン国家の防衛体制を強固なものにしています。

ザ・グレートたるものは、そうでなくてはならないのです。現代で言うならば、日本を代表する首相や外務大臣、あるいはアメリカ大統領などの職責にある者は、どんなことがあっても、公人としての発言や行動と、個人の道徳とを混同してはならないのです。

第三章

戦争への見えざる手

欧米の「侵略」、日本の「侵略」

「侵略」を書き換えた教科書などなかった――渡部

日本の「侵略」については、あいかわらず政争の道具に使われているきらいがありますが、そのことでもっとも強く思い出されるのは教科書問題です。文部省が、八三年春から使用する高校用新教科書の全面改訂を終えた直後の、一九八二年（昭和五七年）六月二六日から二七日にかけて、教科書検定に関する記事が、各新聞に大きく取り上げられました。各紙は、「文部省が高校社会科の教科書を中心に検定を強化」「国定教科書再現」と評し、この記事が引き金となって、本来、内政問題たる教科書問題が、瞬く間にアジア各国を巻き込む外交問題にまで発展することになりました。

ことの発端となった新聞報道のタイトルは、いずれも衝撃的なもので、それはたとえば次のようなものでした。〝「教科書さらに『戦前』復権へ」「『侵略』表現薄める」（朝日新聞一面）〟

〝「教科書統制、一段と強化」（毎日新聞一面）「中国『侵略』を『進出』に」（同社会面）〟。

シナの新華社通信は即座にこの記事を本国に打電し、七月二〇日付けの「人民日報」（中国共産党機関紙）は、「この教訓を銘記せよ」と題して、日本の新しい社会科教科書について、検定権を握る日本の文部省を追及する姿勢を見せました。

同じ日付けの「東亜日報」（韓国）も、「韓日関係に赤信号」と題する一頁もの特集を組み、「朝鮮日報」、「韓国日報」、「ソウル新聞」なども、激しい対日非難の論陣をはりました。

要するに、「華北への侵略」「中国への全面侵略」と表現されていたものを、日本の文部省が検定することにより「進出」へと表現を変えさせたという日本の新聞報道が、一斉にアジアのマスコミを刺激した格好になったわけです。

そして、それはすぐさまアジア各国の、政治・外交問題へと発展しました。七月二六日には、中国の外務省が、日本大使館を通じて、歴史教科書検定で、「侵略」を書き換えさせたことは、中日共同声明に反するとして正式に抗議。八月四日には、韓国議員連盟が、記述是正を要求。さらに長期的には日韓の専門家による教科書是正共同委員会を設置、教科書の是正を図ることまでが、要求されました。

また、関連する動きとしては、フィリピンのマルコス大統領、インドネシアのスハルト大統領が、あいついで訪問先のアメリカで、日本の防衛力増強、特にシーレーン（航路帯）防衛計画に懸念の意を表明しました。シーレーン防衛計画は、日本から一〇〇〇カイリの海域を対象としているので、「沖縄から一〇〇〇カイリの守りとなると、インドネシア近海まで入る」（モフタル・インドネシア外相）ということで、両大統領とも、日本がかつてのアメリカに代わって「アジアの警察官」になることに、はっきりと反対の意を表明したわけです。

ところが、です。教科書検定において、「侵略」を「進出」に変更させたという事実はなかったのです。そのことを、まず、テレビ番組「竹村健一世相を斬る」で私が指摘し、九月九日付の「週刊文春」も出してくれました。当時の「諸君！」に載せた私の論文は時の話題にもなりました。この間の詳しいことは、私の『萬犬虚に吠える』（ＰＨＰ文庫）に記録してあります。

文部省記者クラブのささいな不注意により、歴史的な大誤報が六月二六日の各紙の紙面を汚した経緯が、「歴史的大誤報から、教科書騒動は始まった」と題された記事によって、事細かに明らかにされたわけです。

そこで、「産経新聞」などは、報道に誤りがあったとして謝りました。「朝日新聞」は、八月二五日付けの紙面で一部誤記を認めたうえで「『侵略』抑制は三〇年代から一貫」と、事実関係に誤りがあったものの、流れそのものは、「侵略」という表現を抑制していると、強弁しました。この姿勢は、一〇月一五日付けの「天声人語」においても同様でした。部分的誤報を詫びてはいるものの、その年に使われていた教科書を例にとりあげ、「侵略」を書き換えさせるというのが、文部省の基本的な流れであるとしています。

アジア各国においては、「侵略」を「進出」へと文部省が書き換えさせた事実などなかったということが明らかになった時点で、それまでの抗議を引っ込めました。

大問題は、その後にも起こりました。この年の一〇月に鈴木善幸首相が、北京を訪問することになっていたのですが、これをなめらかなものにするとの配慮があったのでしょうか、宮沢（喜一）官房長官は謝ってしまったわけです。そうして、「今後の教科書は、周辺の国の意見を聞く」ということになったわけです。これは国賊行為ではありませんか。

問題となっているのは、日本人のための日本の教科書です。その教科書をつくるのに、なぜ、周辺の国の意見を聞く必要があるのでしょうか。

そうして振り返りますと、国賊のようなことを言う人のみが、戦後の日本においては栄えているような傾向があります。逆に言うと、田中角栄が失脚せしめられたのも、その発端はアメリカ側の資料によるものでした。一番上か、あるいはさらにその上からの強い力が働いているように思えてなりません。

侵略国のエースは何といっても欧米——小室

まずもって、東京裁判においてすら、侵略戦争というものの概念は規定されていませんでした。これは、日本人が後からつくり出したものです。ですから、侵略戦争を論じるに当たっては、侵略戦争という概念が成り立つかどうかを、まず問題にしなければなりません。

次に、戦争犯罪者とは、そもそもは陸戦規定などの戦争法規を犯した者のことを指します。ところが連合国側は、**罪刑法定主義**の基本原則をかなぐり捨てて、かなり多くの日本の将兵を、この「戦争犯罪人」に仕立てあげようとしました。その意志を、まず持ったわけです。

そこで、どのようにすれば事後的に「戦争犯罪人」をでっち上げることができるかを考えた。答えは、あの戦争そのものが「悪」であり、犯罪であればよい、ということです。そうした経緯があって、「悪」なる戦争、すなわち「侵略戦争」というイメージがつくりあげられていったということでしょう。

そうした操作が効を奏し、定着し、「日本は侵略戦争をしたから悪い」ということが、現代日本の通俗的な理解の大きな流れになっています。ところが、少しでも歴史をひもとけば明らかなように、侵略国のエースといえば、なんといっても欧米なのです。古くはスペイン、ポルトガル、少し新しくはオランダ、イギリス、フランス、ロシア、アメリカ。これらの欧米列強が、何世紀にもわたって、全世界規模で、侵略戦争を日常茶飯事としていたわけです。

つい最近、すなわち第一次世界大戦のときに、さすがの欧米にもちょっぴり反省のようなものが出てきただけで、欧米は一五世紀初頭の大航海の時代から数百年間にわたってずうっと侵略戦争をし、大きな成功をおさめ、白人のテリトリーを地球規模にまで広げてしまったわけです。そのような欧米の歴史を踏まえて議論をしなければ、大東亜戦争における日本の「侵略」については、論じきれるものではありません。

〈罪刑法定主義〉 犯罪として処罰するためには、何を犯罪とし、いかに処罰するかをあらかじめ法律に定めておかなければならないという近代刑法の基本原則。アメリカ合衆国憲法にも、「何人も、法律の適正な手続きによらなければ、生命、自由、または財産を奪われない」（修正第五条）とあり、フランス革命期の人権宣言（一七八九年）にも「何人も、犯罪の前に制定され、公布され、かつ適法に適用された法律によらなければ、処罰されない」（第八条）とある。

アメリカもシナも今なお厳然たる侵略国である――渡部

日露戦争のほんの数年前に、アメリカはいったい何をやったのか。ハワイ王朝を潰して、自分の国にしたではありませんか。一八九三年にカメハメハ王朝の女王リリウオカラニを武力でもって退位させ、一九〇〇年に準州にし、一九五九年には正式にアメリカの五〇番目の州としてしまったわけです。

ハワイの王様は、そうなることを恐れていまして、明治一四年［一八八一年］に日本の皇室と縁戚関係になりたいと申し込んできています。しかしながら、当時の日本は西南戦争が終わったばかりであり、ハワイに火種を抱えるほどの国力がなかったので、ご辞退を申し上げました。アメリカが出てきたのは、その直後のことです。アメリカはハワイ王朝を潰してハワイを征服したわけです。このようなことを侵略というわけです。

南北アメリカ大陸やアフリカ大陸、オーストラリア、ニュージーランド、アジアとくに東アジアには、もともと欧米人などいなかったわけです。それがいま、さまざまなかたちで欧米の覇権下にあるわけですから、これらすべてのエリアが、実際に侵略されてしまったものであるということになります。しかも、欧米はその侵略の過程で、アステカ王国やインカ帝国など、あとかたも残さないようなかたちで壊滅させたうえで征服し、タスマニアに見る如くヒトラーさえ完遂しなかったジェノサイド（民族ごとの殺戮）を行ったりもしているわけです。シナへの侵略では、アヘンまでも用いたわけです。

そのほかにも、満洲やチベットなども、いまもなおシナに征服されたままです。満洲の満洲族など滅びる寸前です。シナの北京政府は、いまなお厳然とした侵略国です。にもかかわらず、なぜ、いまどこも領有していないばかりか、固有の領土までも占領されたままの日本が、はっきりとした侵略国に対して、「侵略戦争をした」などということを言われなければならないのでしょうか。

侵略の結果を抱え込んだままの欧米やシナ、ロシア――小室

問題の根本は、なぜ西ヨーロッパ的な考え方を、東アジアにまで押しつけられなければならないのかということです。欧米が、西ヨーロッパ的な考え方を全地球に拡大しようとしているからこそ、冷戦構造終結後もソマリアやカンボジアでたいへんな問題が生じたわけです。

そもそもチベットや満洲、蒙古というのは、漢や唐の時代にもシナではありませんでした。シナにおいては、昔から西のほうは**玉門関**が国境であり、北にあっては山海関が国境でした。これは、昔から当然のこととされてきたことなのです。

にもかかわらず、中華人民共和国は、二〇世紀中葉における大侵略の結果をすべて抱え込んでしまって、現在に至っているわけです。中華人民共和国こそが、中国四〇〇〇年の歴史における最大の侵略国であり、現代世界における有数の侵略国の一つです。

中華人民共和国だけではありません。ロシアやアメリカだって侵略をしたままであり、イギ

リスやフランスだって、侵略した地をすべて返し終わっているわけではありません。

イギリスは、かつてまことに大々的な侵略を敢行いたしまして、世界の四分の一を手中に収めたこともありました。しかも、今も中華人民共和国に侵略の結果を抱え込んでいます。それが香港なのです。インディアンから広大な土地を奪いそこに建国してしまったアメリカ本土など、もはや返しようがないでしょう。

そうした欧米の侵略の実態と比較すると、百歩譲ってかりに大東亜戦争が侵略戦争であったとしても、いまはその地をすべて返還しています。これだけでも、べらぼうな違いです。


〈玉門関〉中国甘粛省敦煌県の西にあった関所。中央アジアの玉を漢土に運ぶ時に通る関というのが、地名の由来である。この地名が如実に示すように、玉門関は、中央アジアと漢の結節点であり、シルクロードに沿う東西交通の要地であった。

シナ事変は「侵略」ではなかった

蘆溝橋事件は中共軍の発砲によって起こった――渡部

日本のいまの政治家が、中華人民共和国に対して非常に弱いのは、シナ事変に対する誤解と曲解があるからでしょう。シナ事変から、日本はシナへの侵略を開始したという誤謬《ごびゅう》史観が、両国においてはいまも支配的であるので、つねに後ろめたさがつきまとっている。

ところが、これはまったく根も葉もないことなのです。これが、どれくらいいい加減な話であるかについて、分かりやすい点を一つだけあげましょう。日本を裁くあの東京裁判においてすら、シナ事変がなぜ起こったかについては、あまり論及されませんでした。なぜならば、調べが進むにしたがって、一九三七年七月七日に、蘆溝橋北方の竜王廟近くで演習をしていた支那駐屯歩兵第一連隊に十数発の発砲をしたのはシナの側であることが分かってきたからです。

中共軍が日本と蔣介石の軍隊の両方に発砲したわけです。そうしますと、両方とも相手が撃ったと思いますから、険悪にならざるをえない。これが毛沢東側の本にも書かれてある蘆溝橋事件の真相です。

そのことが明らかになると、「そもそも日本軍があんなところに軍隊を置いたのが悪い」など言う人も出てきました。これはまことに愚かなことで、日本軍は両国の協定に従って駐留していたのです。しかも、その駐留たるや、実弾を撃てないように薬莢にはフタをして、鉄兜すらかぶらないというものでした。

北支事変時には、主要関係国すべてが駐兵していた——小室

北支事変［＝シナ事変］のときにシナにいたのは、日本軍だけではなかったですね。米軍も英軍も仏軍もポルトガル軍もいました。

なかでもずうずうしかったのはアメリカで、南京にはアメリカの**砲艦**があり、大東亜戦争が始まるまではアメリカの砲艦がいました。駐兵しているそのことだけで悪いというならば、当時の関係主要国すべてが悪いということになります。

〈砲艦〉沿岸や河岸の警備を主な任務とする小型の軍艦。吃水をできるだけ浅くするために、軽易な武器のみを備えている。

蘆溝橋事件不拡大のために、必死の努力をした日本——渡部

外国に駐兵させてはいけないというのなら、いまの在日米軍基地やアメリカ兵は、どうなるのですか。韓国のアメリカ兵はどうなるのですか。第二次世界大戦後にも、東欧諸国にはロシア軍が駐兵していました。戦前ならば、なおさらのことです。

シナ側は、この発砲後に竜王廟付近に集結。報告を受けた大隊長一木〔清直〕少佐は、大隊主力を現地に送り、翌八日午前五時三〇分に攻撃を開始し、竜王廟を占領しました。この交戦の結果は、「戦闘防止」を協議している真っ最中の駐在武官や特務機関に報告されましたが、日中両国の関係者は、現地解決の望みを捨てずに交渉を継続します。

そうして、一一日には、「日本は蘆溝橋撤兵」「中国は遺憾の意を表し、責任者処分、抗日団体取締り」を約束するという現地協定が成立し、解決へと進展します。同じ日に、近衛文麿内閣は、陸軍に押し切られるかっこうで華北派兵を決定しますが、それでも事変不拡大の方針は堅持されます。

つまり、日本も蘆溝橋事件を現地で収めるように、必死の努力をしたわけです。これについては、直後にひとまずは現地協定が成立しているわけですから、疑う余地がありません。ところが、シナの側は、国民政府が盧山の会議で対日交戦を決定し、一七日には公式に発表します。

そこで、日本が二八日に華北総攻撃を敢行し、翌二九日に、通州事件が起きるわけです。

通州事件が起きる前日、日本の支那駐屯軍が、天津周辺でシナの第二九軍を総攻撃しています。そのさい、誤って通州の保安隊兵舎まで爆撃をし、数名の死者を出しました。誤爆のことを知ると、細木特務機関長はすぐに冀東《きとう》政府の長官殷汝耕を訪ねて謝り、自ら現場に出かけて行って遺族の弔慰に懸命の努力をしています。ところが、通州にあった冀東防共自治政府の共産主義の感化を受けていた保安隊が反乱を起こして、日本の特務機関を襲って機関長細木繁中佐らを殺し、その後に日本人街に繰り出し、料亭や一般家庭を襲ったわけです。そのため、当時の通州には、日本人と朝鮮人合わせて三〇〇人ほどが住んでいたわけですが、そのうち二〇〇人までもが殺害されました。

事変が戦争に発展するのは当たり前です。もしも今、日本に住んでいるアメリカ人が二〇〇人、日本人の手によって殺されたならば、アメリカはすぐさま攻めてくるでしょう。イギリスにしても、フランスにしても同じです。これは当たり前のことです。

通州事件というのは、怪しげな幻などではなく、はっきりとした歴史的な事実であるわけです。にもかかわらず、いまの若い人や戦後生まれの団塊の世代の諸君も、通州事件についてはほとんど何も知らされていないのではないでしょうか。岩波書店の『近代日本総合年表』でも、七月二八日までは書いてあるのに、通州事件のあった七月二九日はなく、八月一〇日にとんでいます。

通州事件を何故教科書にのせないのか――小室

日本の代議士、ジャーナリスト、「歴史家」諸君が「教科書に歴史的事実をのせろ」と主張するのならば、「なぜ、通州事件をのせないのか」と、なぜ、絶叫しないのです。不思議でなりません。

シナ事変を理解するうえで、これほど重要な事件はありません。それを日本人に知らせないでおくとは、どういう了見なんですか。

いまでも二重標準で、日本人のやったことはすべて悪く、シナ人のやったことはすべて正しい。教科書はかくあれ、とでも思っているのですか。

戦争を推し進めたのは近衛首相では――小室

また、近衛内閣の政策が拙劣をきわめたことは、もっと研究する必要があります。

近衛内閣が、支那事変に「不拡大方針」であった、なんて！

参謀本部は、日本の国力では長期戦は無理だ。早く対ソ戦にそなえなければと、終始、「不拡大方針」でした。

近衛［文麿］首相は、不拡大方針を唱えていながら、戦争に勝つともう、うれしくなって拡大方針へ転向。

南京占領のときも、いつでもいつも、近衛首相はグラつきっぱなしでした。

そのために、戦争はズルズルと拡大してゆきました。

その責任は重大です。

もし南京落城のとき、近衛首相が決断していれば戦争は止められました。参謀本部は、止めたくてしかたがなかったのですから。実際上の「統帥権干犯《かんぱん》」までして戦争を推し進めたのは近衛首相のほうでした。

あのときもし、近衛首相が漢口に飛んで蔣介石と直談判して寛大な条件で講和をしていれば、日本は戦勝の成果すべてを得ていました（ビスマルクの定理）。

田中角栄なら、必ず、そうしていたことでしょう。近衛首相には、それができなかった。

これこそ、最大の日本の敗因です。

あのときもし、日中講和ができていれば。

節約した戦費で対米戦争準備をしていれば。

計算によれば、一二〇隻の「飛龍」クラスの航空母艦が建造できました。その一〇分の一にあたる一二隻が日米開戦の日に竣工していたら。日本は、大東亜戦争に勝っていたことでしょう。

掠奪・暴行にも隠忍自重した日本――小室

シナ事変は突如起きたものではなく、それ以前にものすごい反日運動というものがありました。一九二七年（昭和二年）の第一次山東出兵に続く同年三月の南京事件、一九二八年（昭和三年）五月の済南事件などを踏まえたうえで、この事変を検討するものでなければなりません。

南京事件のときには、中国で最も軍規が厳正であると言われていた国民軍が、軍閥を破って南京入城を果たすやいなや、一般居留民に対して大掠奪を行い、外国領事館を襲撃する者まで現れました。日本領事館に避難していた陸軍武官や警察署長は重傷を負って無抵抗を余儀なくされ、その他館内に避難していた者は、男女の別なく衣服を剝ぎ取られ、財布、指輪を奪われ、館内にあったあらゆるもの、寝具、家具、調度品、子供のオモチャまでもが運び去られるということがあったわけです。

これは日本領事館のみならず、アメリカ、イギリスなども同様でした。そこで、長江に碇泊していたアメリカ、イギリスの砲艦が、一斉に艦砲射撃を開始し、一時間ほどのあいだに二〇〇発近くを南京城内に撃ち込みました。これによって、ようやく国民軍による掠奪が鎮まったのですが、日本は隠忍自重して、アメリカ、イギリスのように艦砲射撃をしていません。

のちに日本の上海陸戦隊が、わずか数万人で何十万人もの中国軍を相手に戦い、見事に打ち破ったのは、それまでの隠忍自重が爆発したという側面もあります。だからこそ、日本の国民は熱狂的に兵隊さんに感謝をし、快哉を叫んだわけです。また、日本の軍隊は、そうした国民の支持と尊敬とに支えられて、ますます強くなっていったわけです。これは当然のことです。

隠忍自重の果てに自決をはかった荒木大尉――渡部

その間のことを面白く書いた小説があります。トラベーニアンの『シブミ』という小説です［ハヤカワ文庫］。これはベスト・セラーとなり、ザ・ブック・オブ・ザ・マンスにも入るほどの本でした。小説という体裁をとっていますが、きわめて史実に忠実であり、歴史的事実と完全に符合しています。

どのような内容であるかといいますと、上海事変のときに、じつは蔣介石の軍隊が、自国の国民を爆撃していたという話です。これは本当で、蔣介石の軍隊は、まず自分たちと日本人とのあいだに一般のシナ人を置きます。そうして、その人たちが避難できないようにしておいて、空から爆撃をしたわけです。その様子が、『シブミ』に、生き生きと描かれています。蔣介石側のパイロットは、ノースロップというアメリカの飛行機に乗ってやってきて、まったく躊躇なく自分たちの国と国民とに爆弾を落としたのです。

なぜそのようなことをしたかといいますと、夥しい一般のシナ人の死傷者をだすことによって、国際世論を喚起せしめるためでした。蔣介石の国民軍は、この策謀に成功し、日本は国際世論の非難を浴びます。そのことを、この小説はじつに精密に描いています。

さて、南京事件ですが、これはそのあとにもあるので、一九二七年（昭和二年）三月二七日に起こった事件を、ここでは第一次南京事件と呼びましょう。

この第一次南京事件がどのような経緯で起こったかといいますと、まず、広東の**国民政府**が、北京の軍閥を討伐することを決議します。理由は、北京の軍閥が、全国統一会議に出てこなかったからです。そうして、実際に派兵した軍隊が、北方の軍閥を征伐するということから、北伐軍と呼ばれました。

この北伐軍の猛攻により、軍閥はあっけなく敗れ、敗走します。そうして、南京入城を果たした北伐軍が暴徒と化し、外国領事館や外資系の工場、外国人住宅を襲い、掠奪や暴行の限りをつくしたわけです。

そこで、アメリカ、イギリスの軍艦が、この蛮行をやめさせるために、南京めがけて威嚇砲撃をしたわけですが、日本だけはしませんでした。日本もやろうと思えば、すぐにでもやれました。なぜならば、そのとき揚子江に駆逐艦「檜」が碇泊していたからです。

このときのことを、佐々木到一中将は、次のように記しています。

逐日耳に入るところの事件の真相は悲憤の種だった。英米仏の軍艦はついに城内に向けて火蓋を切ったのに、わが駆逐艦はついに隠忍した。しかも革命軍は、日清汽船の客船に乱入して、これを破壊し、わが艦を目標として射撃し、げんに一名の戦死者を出しておる。

荒木（亀男）大尉以下一二名の水兵が城門で武装を解除された。在留外人は全部掠奪され、某々国の何々が殺された。わが在留民全部は領事館に収容され、しかも三次にわたって暴兵の襲撃を受けた。領事（森岡正平）が神経痛のため、病臥中をかばう夫人を夫の前で裸体にし、薪炭庫に連行して二七人が輪姦したとか。三十数名の婦女は、少女にいたるまで凌辱せられ、げんにわが駆逐艦に収容されて治療を受けた者が十数名もいる。根本少佐が臀部を銃剣で突かれ、官邸の二階から庭上に飛び降りた。警察署長が射撃されて瀕死の重傷を負うた。抵抗を禁ぜられた水兵が切歯扼腕してこの惨状に目を被うていなければならなかった、等々。

しかるに、だ、外務省の広報には『わが在留婦女にして凌辱を受けたるもの一名も無し』ということであった。南京居留民の憤怒は極点に達した。居留民大会を上海に開き、支那軍の暴状と外務官憲の無責任とを同胞に訴えんとしたが、それすら禁止された。等々。実にこれが幣原外交の総決算だったのである。（佐々木到一『ある軍人の自伝』）

なおつけ加えますと、ここには「荒木（亀男）大尉以下一二名の水兵が城門で武装を解除された」とだけ記されていますが、その後、荒木大尉は自決をはかります。

なぜならば、荒木大尉は、駆逐艦「檜」から連絡のために南京の領事館へ派遣されます。その途中で、中国軍に捕まり武装を解除され、暴行を受けたのです。しかしながら、そのような事態に遭遇することになっても、日本人居留民の安全を図るために、「けっして抵抗してはならない」というのが、艦長の命令でした。そこで、荒木大尉は、命令に従って無抵抗に徹し、釈放されて帰艦し、さらに重巡洋艦「利根」に移ったあと、その艦長室において、「日本の軍人として屈辱に堪えない」との言葉を残し、自決しようとしたわけです。

戦後生まれの人は、武装解除といってもピンとこないかもしれませんが、これは、降伏者や捕虜などに対して、その兵器を強制的に取り上げることです。そのほかに、中立国が自国の港に碇泊している交戦国軍艦に対して行うこともありますが、大体は降伏者や捕虜などに対して行うことです。ですから、武装解除というのは、とくに軍人にとっては最大の屈辱であるわけです。それも、精一杯に戦って実際に負けたのならば、諦めもつきますし、武装解除をいさぎよしとするということもあるでしょう。しかしながら、**幣原喜重郎**の外交方針のために、戦わずして武装解除されねばならなかったわけですから、軍人にとっては、まさに憤死、割腹に値する屈辱でした。

また、当時は、国策としてとにかく問題を起こさないように軍艦なども指導されていましたので、シナ人の艀《はしけ》の船頭が日本の砲艦に上がってくるほどまでに、侮られきっていました。上海市内で買物をする日本の婦人が、苦力《クーリー》（中国の筋肉労働者）にからかわれたり、小学校に通う日本人児童が、中国人に石を投げられたり、ナイフで切りつけられたりしたのもこのころです。


〈国民政府〉中国国民党の組織した中華民国の政府。孫文の死後、広東政府を国民政府と改称して北伐を行い、首都を南京に定める。日中戦争中は主都を重慶に移したが、戦後には南京に戻り、総統蔣介石のもとに再発足したが、毛沢東率いる中国共産党との内戦に敗れ、台湾へ逃れる。

〈『ある軍人の自伝』〉佐々木到一は、この本を一九三九年（昭和一四年）に書き上げていたが、戦時中のため刊行することができなかった。その後、佐々木到一は、終戦とともにソ連に抑留され、一九五五年（昭和三〇年）に死亡している。

本書が刊行されたのは、死後八年を経た一九六三年（昭和三八年）のことである。最初は普通社より、後には勁草書房からも刊行された。

佐々木到一は、中国革命の父・孫文を尊敬し、個人的な知遇も得ていた。また、孫文の後を受け継いだ蔣介石とも親交があり、早くから国民党に好意を寄せていた。その佐々木到一の時代への証言であるだけに、ここに書かれてある内容はずしりと重い。

〈幣原喜重郎〉（一八七二～一九五一）　各国公使を経て、一九二四年（大正一三年）以後、四度にわたって外相を務める。その外交方針は、対米英協調と対中国内政不干渉であり、軟弱外交と非難された。四五年に首相、ついで進歩党総裁となり、その後に民主党、民主自由党に参加し、衆議院議長となる。

ABCD包囲網の形成で戦争するしか道のなかった日本

鉄と石油とを完全に断たれた日本――渡部

ABCD包囲網については、なぜそのようなものが形成されたか、から考える必要があると思います。その理由は、大きくは二つあって、一つはシナ事変がうまく解決しなかったこと。二つ目に、日本が日独伊防共協定を結んだことでしょう。

アメリカは日本を目の敵にしていて、第一次世界大戦後には、ワシントン会議［一九二一年］で**日英同盟**を廃棄せしめ［一九二三年失効］、本国においては、一九二四年（大正一三年）にいわゆる絶対的な排日移民法を成立させました。

そうして、アメリカは日本に対する敵意を剝き出しにし、シナに多くの宣教師を送り込んでいたのですが、この宣教師の多くが排日エージェントであったわけです。もちろん、個々には立派な宣教師もおられましたが、そのような側面もあったわけです。ですから、シナ問題とはすなわち対米問題であり、シナ問題を解決しなければ対米問題も解決できなかったわけです。

また、それまでのアメリカには、日本と商売をすれば儲かるという人がいっぱいいました。ですから、民間レベルでの交渉はかなり活発でした。しかしながら、それもアメリカがブロック経済へと経済政策をシフトすることにより、かなり少なくなっていきました。

日本はアメリカから真綿で首を絞められるようにジワジワと締めつけられ、たまらなくなって満洲に出たところ、とどめを刺すがごとくに、鉄と石油を差し止められたわけです。なかでも、大問題であったのは石油です。鉄は満洲で採れるわけですが、石油はいかんともしがたい。

日本は、日独伊防共協定を結び、さらに昭和一五年（一九四〇年）には**日独伊三国軍事同盟**を結んでいたので、ドイツが占領していたオランダが石油を売らないという。同じくドイツと戦争をしているイギリスも、日本へはその植民地から採れる石油を売らないという。アメリカはもちろん売ってくれない。それでも日本は、オランダの植民地であったインドネシアから、なんとか石油を売ってもらおうと交渉を重ねました。ところが、そのオランダをアメリカとイギリスが巻き込んで、ABCD包囲網の最後のD（ダッチ＝オランダ）としてしまったわけですから、これで完全に対日包囲網が完成してしまったわけです。

〈日英同盟〉 一九〇二年（明治三五年）日本とイギリスとのあいだに締結された軍事義務を伴う同盟。この同盟により、ロシアのアジア進出が牽制され、日露戦争においては日本に有利な役割を果した。一九〇五年、一一年と二度にわたって改定されたが、ワシントン会議において廃棄される。

〈日独伊三国同盟〉一九四〇年九月、第二次大戦中の枢軸国であった日本・ドイツ・イタリア三国が締結した軍事同盟。一九三七年に結んだ日独伊防共協定を発展させたもの。米英との対立激化を招き、太平洋戦争の一要因となった。同盟三国の敗戦により解消となる。

インドネシアのみを即座に占領すればよかった——小室

ＡＢＣＤ包囲網こそ、日本にとってチャンスでした。アメリカ、イギリス、シナ、オランダが結託して、資源を締めつけようとしたわけですが、そのようにして日本に敵対行動をとったときこそが、チャンスでした。余計なことをしないで、不意をついて、いきなりインドネシアを攻略してしまえばよかった。

日本が一番欲しくて緊急的に必要とするものは、石油です。その石油が最もよく出るのは、オランダの植民地であるインドネシアでした。しかも、ＡＢＣＤ包囲網で一番弱いのもオランダでした。そのうえ当時のオランダは日本の同盟国ドイツに占領されていたので、オランダ本国から海を渡って派兵してくるという気遣いはほとんど不必要であったわけですから、オランダ植民地にのみ攻め込めばよかった。

ＡＢＣＤ包囲網のなかで、一番やっかいなのはアメリカでしょう。しかしながら、ちょうどよいことには、アメリカのルーズベルト大統領は、「戦争はしません」との選挙公約で、大統領選挙に当選していたのです。アメリカは、日本と違って選挙公約を破ることはできませんから、ルーズベルトとしてもそう簡単に戦争に踏み切ることはできないという事情がありました。そんなアメリカであっても、星条旗が攻撃されれば、戦争に突入したでしょうが、アジアのオランダ植民地が攻撃されたというくらいの理由では、戦争はできなかったでしょう。

イギリスに関しては、極東艦隊もあったわけですし、あのチャーチルが指をくわえて見ているということも、ちょっと考えにくいので、次善の策としては、オランダとイギリスにだけに宣戦布告をするということでしょう。ただし、そのためには、日本の政治が、よほどしっかりとしていなければならなかった。オランダ、イギリスに宣戦布告をしても、アメリカそのものを撃たない限り、ルーズベルトは参戦できないということをしっかりと見定め、確信を持っていなければだめですね。当時の日本は、あまりよくアメリカのことを知りませんでしたね。

つねに悪いほうへと舵を切り続けた近衛内閣——渡部

こうして振り返りますと、ＡＢＣＤ包囲網が完成する以前に、日本はすでに石油に困っていたわけであり、なぜそのようなことになったかというと、後に三国同盟に発展してしまう日独伊防共協定を結んでしまったから、ということになります。そして、そのことを、日本の政府レベルでの責任ということでみていきますと、近衛内閣の責任ということになります。

汚職や政党間の争いなどが目につき、国民が政党政治にあいそがつきはじめたころに、政界の若きプリンスということで近衛文麿が登場しました。そうして、第一次近衛内閣のときにシナ事変が起こりました。このとき「国民政府ヲ対手トセズ」（一九三八年一月一六日）との声明を出して、自ら日中和平への道を閉ざし、泥沼の日中全面戦争への道を開いたのも近衛内閣です。

その後、近衛内閣は、「東亜新秩序建設」が日本の戦争目的であり、国民政府が「更生ノ実ヲ挙ゲ」てこれに参加するのなら歓迎するとの声明を発表し、「善隣友好」「共同防共」「経済提携」との近衛三原則を明らかにし、汪兆銘政権擁立工作を進めます。つまり、全世界に、対ソ戦闘の継続の意図を明らかにしたのも、近衛内閣であったわけです。

さらに、近衛文麿は、第一次近衛内閣を総辞職して枢密院議長などを務め、一九四〇年七月に第二次近衛内閣を組織します。そうして、新体制運動を展開したわけですが、このときに日本の民主主義にとどめを刺すがごとき大政翼賛会の結成に奔走し、日独伊防共協定を日独伊三国同盟へと発展させます。

翌四一年七月に、さらに第三次近衛内閣を組織しますが、このときはすでに独伊の在米資産凍結が行われ、引き続き在米日本資産凍結が発せられ、ABCD対日包囲網が完成していました。そのとき、アメリカに戦争を決意させたという南部仏印（フランス領インドシナ）へ日本軍を進駐させます。

近衛内閣は、戦争直前の状況において、つねに悪いほう、悪いほうへと舵を切ったわけです。

昭和天皇がなくなられた直後くらいに、『昭和天皇回顧録』（文藝春秋）が出ましたが、その冒頭の部分に、「この前の戦いは、結局は人種問題と石油問題であった」というくだりがあります。

さすがによく大局を見通しておられたと感心したのですが、これはまさしくそのとおりですね。大東亜戦争の遠因は、人種問題でした。アメリカが、日本人を一人も入れないというような絶対的な排日法案を可決し、適用しなければ、あのような反米感情は起きなかったでしょう。そして、近因、つまり直接の原因は石油の禁輸です。連合艦隊が石油がなくて動けなくなり、一戦もしないで白旗を掲げるなどということはありえなかった。

人種差別の嵐に晒された日本

「黒人やインディアンがいずれ歯向かってくる」という
アメリカ人の潜在的な恐怖心――小室

そもそもアメリカ合衆国ができたというのは、インディアン狩りによってでしょう。インディアンの首長を殺して土地を奪い、インディアンをどんどん駆り立てていって、各州が発展していったわけでしょう。それでもなお生き残ったインディアンは、家畜のように居留地へと囲い込んでいった。

そうして、さらに安価な労働力を得るために、アフリカから黒人を連れてきて、これを奴隷としてこき使った。リンカーンが奴隷解放のための戦いをしたということになっていますが、そのリンカーンの大統領選挙公約には、奴隷制度を廃止するというようなことには、一言も触れていません。当時のアメリカで、奴隷制度を廃止するなどというようなことを言うと、間違いなく落選したからです。南部が独立をしてアメリカが二つになったときも、リンカーンはたいへん残念がりまして、南部の奴隷制度擁護に妥協する姿勢を見せています。それほどに、アメリカにとって黒人奴隷というものは、大切なものであったわけです。

そうして、土地を得、国をつくり、資本を蓄積し、今日の繁栄の基礎を築いたアメリカ人には、「黒人やインディアンがいずれ歯向かってくる」という潜在的な恐怖心があるわけです。

憲法を変えてまで、全体的排日を敢行したアメリカ――渡部

それに、メキシコあたりからやってくるヒスパニックなどもいます。これらに共通なのは、カラードということです。つまり、色のついている人間は、潜在意識的に恐くてしかたないわけです。ところが、それまでの有色人種は、どうやらアメリカ国内において、永久に二流市民の座に甘んじているようであり、いくぶんホッとしていたようなところもあったようです。

そこに、にわかに白人と対等な有色人種が出現することになった。あろうことか、有色人種の分際で、一流の白人国ロシアに戦いを挑んだ。そうして、難攻不落といわれていた旅順の要塞を陥落させ、騎兵は騎兵で、ナポレオン軍さえ完膚なきまでにやられてしまったコサック騎兵と戦って一度も負けなかった。そればかりか、アメリカ陸軍よりも強力なロシア陸軍を、ついに破ってしまった。海にあっては、アメリカ海軍全体に匹敵するほどのロシアの大艦隊を、

ものの見事に全滅させてしまった。

つまり、日本は、カラードとして人類史上初めての近代戦を戦い抜き、一流の白人国ロシアを破ってしまったのです。そうしてさらに、超一流の白人国イギリスと対等な条約（日英同盟）を結ぶに至った。インディアンやシナ人と同じ黄色人種、ヒスパニックや黒人と同じカラードが、白人と対等ないしはそれ以上の存在になりつつあったわけですから、アメリカとしてはたまったものではありません。

それに、アメリカ国内に目を移せば、大陸横断鉄道が完成した後に、東欧やアイルランド、スコットランドからの移民が大挙して西海岸に押し寄せたのですが、そこにはすでにシナからの移民が住み着いていた。しかも、上手に商売をし、財産を持つまでに至っていた。

そこで、白人はこの西海岸で、かつてのインディアン虐殺のように、シナ人の居留地を襲撃し、虐殺し、追い払い、財産を強奪しました。ゴールド・ラッシュのあと数年して、カリフォルニアで白人に殺されたシナ人の数は、インディアンの数をはるかに上回っていたと言われるほどです。言わば乞食同然にカリフォルニアに流れ込んできた白人にとってみれば、そこですでに定職を持っていたり、独立して店を構え、それなりの暮らしをしているシナ人を見ると、いてもたってもいられなかったのでしょう。

シナ人排斥運動は、直接的に白人の利益につながったため、最初は私的なものであったわけですが、そのうちに地方自治体が先頭にたって行うようになりました。連邦政府としてはさすがにこの動きには批判的でしたが、地方議会におけるシナ人排斥は猛烈かつ執拗であったため、ついにシナ人の移民を完全に禁止する法律が成立してしまいます。

シナ人排斥のあとは、日本人排斥へと重点が移ります。日本人排斥の動きそのものは、一八八〇年代あたりからあったのですが、急に注目を浴びるようになったのは、日露戦争の翌年の一九〇六年あたりからです。

一九〇六年四月一八日、サンフランシスコに大地震が起こります。このとき、日本政府は日露戦争のあとの苦しい財政のなかから、五〇万円をサンフランシスコに送っています。当時の日本の国家財政は五億円程度でしたから、このお見舞金は、いまでいうと五〇〇億円くらいのものでしょう。それほどの規模のお見舞金を送って、日本および日本人移民への心証をよくしようとしたわけです。ところが、このサンフランシスコ大地震が、日本人と韓国人の学童を隔離するという事件に発展します。地震で学校が壊れたり焼失したりして、公立学校が狭くなってしまったので、日本人と韓国人の学童を、別の学校に移すというのです。

そして次に、カリフォルニア州は、一九一三年（大正二年）に「排日土地法」を成立させます。これは、「帰化権なき外人」「帰化不能な外人」の土地所有を禁ずるという法律です。さすがに直接に「排日」をうたってはいませんが、「帰化権なき外人」「帰化不能な外人」が日本人を指すことは当時としては明らかであったので、実質的には完全な「排日土地法」でした。

そうして、第一次世界大戦となり、日本とアメリカはともに連合国側に属し、皮肉なことに黄禍論を唱導したウィルヘルム二世のドイツと戦うことになります。この時点で、日本人移民問題は休止状態に入りました。その第一次世界大戦が終了し、国際連盟ができると、その規約のなかに「人種平等」を盛り込むことを日本は提案します。ところが、この提案は採用されませんでした。このとき、パリの新聞「ル・タン」紙は、

「いつの日にか日本の正当な主張を尊重しなければならないような解決に至るであろうことを疑わない」

と論評しています。

この「ル・タン」紙の予測どおりに、人種差別撤廃が、声高らかに宣言されたのは、一九四八年（昭和二三年）の世界人権宣言においてです。

皮肉なことに、さまざまな排日法案に署名したアメリカ大統領ルーズベルトの夫人であったエレナ・ルーズベルト（一九四五～五二年の国連米国代表）によって、世界人権宣言は、実現する運びになりました。もっとも、アメリカの歴代大統領は、地方議会の排日の動きには批判的であり、ときには叱りつけるがごとき言動をもみせています。とはいうものの、内政全体のバランスからして、やはりいくつかの排日法案には署名せざるをえなかったということでしょ

う。

それとともに、もう一つの皮肉は、この世界人権宣言を強く支持した国のほとんどが、そのわずか二八年前には、日本が提案した人種差別撤廃案を、冷やかに葬り去った国々であったということです。

第一次世界大戦後に戻りますと、ちょうど国際連盟が成立したころに、日本人移民問題は急速に険悪化します。

まず、一九二二年（大正一一年）にアメリカの最高裁は、帰化権剝奪に関する訴訟において、「黄色人種は帰化不能外人であって、帰化権はない」との判断を示しました。この場合の黄色人種が、日本人を指すことはいうまでもありません。しかも、この判決は、その適用を過去にまで遡るという恐ろしく非近代的なものでした。

つまり、すでにアメリカに帰化していた人であっても、日系であるという理由でその権利を剝奪されたわけです。このとき、第一次世界大戦にアメリカ軍兵士として従軍し、帰化権を得ていた日系人すらもが、その帰化権を剝奪されるというようなことが起きています。

そうして、次に、「アメリカ合衆国で生まれた子供は、すべてアメリカ人である」という合衆国憲法（「合衆国憲法」修正第一四条）に、ただし、「日本人移民の子供はアメリカで生まれてもアメリカ人とはしない」という補助が付け加えられます（「合衆国憲法」補助第一九条）。

日本人移民を新たには受け入れず、それまでに帰化していた日系人の帰化権を剝奪し、日本人移民の子供は、たとえアメリカで生まれてもアメリカ人にしないというのですから、排日政策としては、内容的にはこれでほぼ完璧でしょう。しかしながら、そのうえでなお、死者を鞭《むち》打つかのように「新移民法」が制定されます。

これに対して、**三宅雪嶺**《せつれい》や徳富蘇峰は鋭く反発し、「排日移民法実施の日を国辱の日とせよ」と論評しました。

この徳富蘇峰の論評に、あの**内村鑑三**すらもが熱烈な支持を与えています。そうして、太平洋戦争前夜の夜が、じつにきな臭くふけていったわけです。

〈三宅雪嶺〉（一八六〇〜一九四五）明治〜昭和期の評論家。東大在学中に来日したフェノロサに強く影響され、東大哲学科卒業後、志賀重昂《しげたか》らと政教社を結成。雑誌「日本人」を創刊し、政府の欧化主義に対し日本主義を主張した。

〈内村鑑三〉（一八六一〜一九三〇）明治〜大正期のキリスト教の代表的指導者。一高講師の時、信仰上の立場から教育勅語に対する敬礼を拒否し免職。日清戦争時に「義戦論」、足尾事件に際し「鉱毒地巡礼記」などを発表。日露開戦に当たり非戦論を唱え万朝報を退社。以降、聖書にのみ基く無教会主義を唱え、伝道、研究、著述活動を行い、激烈な福音主義的思想を形成した。

太平洋方面に軍艦を持っていなかったアメリカは、芯から日本に怯えていた――小室

アメリカでシナの移民が大活躍をし、やがて白人によってひどい迫害にあうころというのは、清朝が滅びそうになっていたころでした。ですから、アメリカでシナ移民がどのようなことになっていようと、清朝は何もしようとしなかったし、できもしなかったわけです。ところが、日本はそうではなかった。

日本は、**秋山（真之）**中佐などアメリカからずいぶん学びはしましたが、その後に日清戦争、日露戦争に勝利していたわけです。アメリカはというと、英国海軍には負けっぱなしで、海戦で勝利したといったら、すでに落魄《らくはく》の色濃きスペイン艦隊くらいなものでしょう。しかも、当時のアメリカは、太平洋方面に軍艦を持っていなかったわけですから、日本に対する恐怖心には相当なものがあったことは、容易に想像できます。

〈秋山真之〉（一八六八～一九一八）海軍兵学校卒業後、九七年アメリカ留学、九九年イギリス駐在。日露戦争では連合艦隊兼第一艦隊参謀として、黄海海戦、日本海海戦の作戦を担当。バルチック艦隊を全滅させた日本海海戦の「丁字戦法」の発案者と言われている。

野村特命全権大使の英語は国務長官ハルに通じていなかった――渡部

また、石油を止めるというようなことさえしなければ、日本の海軍は動かなかったでしょう。ワシントン海軍軍縮会議において、イギリス、アメリカ、日本の主力艦トン数比が、五、五、三と決められていたわけですから、英米を敵に回すということは、一〇対三の海戦を覚悟しなければならないということです。通常ならそのようなことをするわけがありません。

ところが、石油が危なくなると、その海軍にしても態度は違ってきます。石油がなければどの艦も動かず、その石油の備蓄が当時は七カ月分ぐらいしかなかった。石油をストップされ、その後の交渉が長引けば、戦艦も飛行機も動けず、国内の全産業が壊滅的な打撃を受け、戦わずして負けることになります。そこで、石油を止められれば七カ月以内になんとかしなければならないということで、海軍も覚悟を決めました。

それ以前の、石油が止まるかもしれないという状況下で、オランダと交渉をしていたときには、「日本の輸送船など通らせないぞ!」と、イギリスの極東艦隊に威嚇されるというようなこともありました。

当時、私は小学校の五年生でしたが、日本の特命全権大使**芳沢謙吉**《よしざわけんきち》が交渉に当たっていたことをよく知っていまして、朝起きるとすぐに、「石油はどうなった?」と、新聞を見たものです。当時の日本にとって、石油がどれほど大切であるかは、小学校五年生にも分かっていたわけです。

いまだって、そうではないですか。石油が止まるどころか、「石油の流れがおかしくなりそうだ」というだけのことであっても、アメリカはイラクを爆撃したではありませんか。

石油を止めるということは、日本という国の首を絞めたようなものです。首を絞められたほうとしては、チョークされたまま卒倒するか、その前に渾身の力を振り絞って、一発パンチを浴びせるか。二つに一つしかなかったのです。

ところで、私は当時の日米関係について、奇妙な発見をしました。

日米海戦前夜に、特命全権大使としてアメリカと交渉にあたっていた**野村吉三郎**は、たいへんな秀才でした。海軍兵学校を優秀な成績で卒業した後、オーストリア、ドイツに駐在し、アメリカの日本大使館付武官となり、さまざまな国際会議にも出席しています。当時の日本人としては、異常に海外経験の長い希有の人材であったと言えるでしょう。

その野村吉三郎は、当時のアメリカ国務長官コーデル・ハルと、通訳を入れずに交渉をしています。そのことを、コーデル・ハル側がどのように見ていたかを記したものを、たまたま読む機会を得て、びっくりしたわけです。というのも、

「野村は通訳を入れることを拒否した。しかし、私は、彼の英語が分からなかった」（『コーデ

ル・ハル回顧録』）

と、書かれてあったからです。

これは、重大なことです。交渉力があるとかないとか、妥協点が見いだせなかったという以前に、言葉が通じていなかったということです。ところが、日本側としては、誰一人として野村吉三郎の英語力を疑わなかった。

日本側からの日米交渉史では、なかなか交渉が進展せず、そうこうするうちに、あたかも突然「ハル・ノート」が突きつけられたかのように描かれているのがほとんどです。この点については、どのような日米交渉史も大同小異でしょう。しかし、その裏には、じつは通訳をつけずに日米交渉にあたった野村吉三郎特命全権大使の英語が、相手方のハルによく通じていなかったという事態もあったわけです。

宮沢［喜一］元首相も、英会話を得意としておられましたが、これは危険でしたね。一緒に食事をしたり、パーティで歓談するなどの親善活動においては、存分にその英語力をいかしていただきたいものですが、重要な内容をともなう事柄に関しては、少しくらい英語ができるからといって、軽々に英語で話し合うべきではないですね。

〈ワシントン会議〉第一次大戦後の一九二一年から翌年にかけて、ワシントンで開かれた海軍軍備制限問題および極東・太平洋問題に関する国際会議。英・

米・仏・伊・日本の海軍主力艦の制限が取り決められ、中国の領土保全・門戸開放・機会均等に関する九カ国条約、太平洋問題に関する四国条約が成立。日英同盟が廃止された。

〈芳沢謙吉〉（一八七四～一九六五）　ソ連の駐中国大使と日ソ国交樹立を交渉し、日ソ共同条約を締結。フランス大使を経て、国際連盟日本代表となり、満洲事変後の外交調整に携わる。四〇年よりオランダ領東インド会社との経済交渉にあたるが、翌四一年交渉打切りとなる。岳父は犬養毅。

〈野村吉三郎〉（一八七七～一九六四）　海軍兵学校二六期。オーストリア、ドイツ駐在後、在米日本大使館付武官となる。パリ講和会議、ワシントン軍縮会議に全権随員として出席。一九三九年阿部信行内閣外相を経て、四〇年駐米大使となり、太平洋戦争開戦まで日米交渉にあたる。

開戦直前の日米交渉を、蔣介石が裏から妨害した――小室

開戦直前の日米交渉については、そのほかにも蔣介石の裏からの妨害が大きかったのではないでしょうか。もしも、日米交渉がうまく推移し、了解に達すれば、一番困るのは蔣介石の勢

力ですから、「これはなんとしてでも阻止すべし」ということで、強力に運動をしていました。

蔣介石夫人・宋美齢の役割も大きかった――渡部

宋美齢などの力も大きかったです。

蔣介石夫人の宋美齢は、アメリカに留学し、プロテスタントの熱心なクリスチャンです。蔣介石も宋美齢の影響で洗礼を受けていまして、クリスチャンです。その宋美齢が、日華事変が始まった後の一九四二年に訪米し、アメリカの世論を動かして膨大な対中援助を引き出したわけです。このとき、当然のことながら、宋美齢は、日本がいかにひどいことをし、悪いことをしたのかを、切々と訴えたわけです。

アメリカやカナダは、シナにもっと深く入り込みたかったのに、日本がいるからそれができなかったという意識を持っていましたから、これは我が意を得たりということで、宋美齢の人気はいやがうえにも高まっていきました。

その人気がどれくらいのものであったかというと、カナダの教会には、まるでマリア様のように、宋美齢をモデルとしたステンドグラスが描かれていたほどです。

なんとしてでも参戦したかったルーズベルト――小室

宋美齢は、浙江財閥のお嬢さんで、アメリカでは、ラドクリフカレッジからウェイズレイ大学に進んでいます。当時の浙江財閥というと、もの凄い金持ちでした。ラドクリフカレッジ自体、アメリカのお金持ちの娘が行くカレッジであったわけですが、宋美齢はそのなかでもずば抜けて贅沢な学生生活を送っていたそうです。

それに、日本では、戦後になってからようやく**ロビイスト**の重要さに気がつきました。それまでのロビイといえば、チャイナロビイだけです。ですから、当時のアメリカにおいては、宋美齢などチャイナロビイならぬ、チャイナのロビイストの言いたい放題、やりたい放題であったわけです。

そうして、ただでさえ反日的な当時のアメリカの空気のなかに、さらにチャイナ風の反日ないしは抗日的空気までが注入されて、ただならぬ気配となったわけでしょう。にもかかわらず、アメリカ国内の世論の大勢は、参戦にはあくまでも反対でした。そこで、ルーズベルトは焦りに焦ったわけです。

このまま放っておいたのでは、英国がドイツに降伏してしまう。当時の英国とドイツは、世界の二大技術大国でした。英国が降伏することにより、この二つの技術大国が合体するようなことになれば、いくら当時のアメリカのGNP（国民総生産）が世界の半分を占めていようが、とうてい勝てるものではない。

〈ロビイスト〉（lobbyist）　国や圧力団体の代理人として、政党や議員や官僚、さらには世論に働きかけて、その国や団体に有利な政治的決定を行わせようとする者。議会や会議場のなかではなく、休み時間などを利用してそのロビーで活躍することが多いので、このような名前で呼ばれるようになった。

「戦争に行くのは嫌だ」と思っていたアメリカ国民——渡部

第一次世界大戦のときには、アメリカはずいぶん戦場にボランティアを派遣しています。そうしたところが、戦争に慣れていなかったので、ずいぶん戦死してしまった。

それが、結局は、アメリカ国内において、何の意味もないことになってしまいました。ですから、「ほかの国が攻められたからといって、もう戦争に行くのは懲《こ》り懲《ご》りだ」ということになったのではないでしょうか。

アメリカが兵器を造れるようになったとき、戦争は終わっていた――小室

意外なことに、それまでのアメリカは、近代戦というものをやったことがなかったわけです。だから、戦争というものが、よく分からなかった。そこで、**ルーデンドルフ**など、「米兵が戦争に慣れるまでに、やっつけてしまおう」ということで、大攻勢をかけたわけです。

それに、第二次世界大戦のときには、アメリカは世界の兵器工場であると言われましたが、第一次世界大戦が始まったころには、飛行機も戦車もまともな大砲も造れないような国でした。そのアメリカが、さまざまな兵器を造れるようになったとき、第一次世界大戦は終わっていたわけです。

〈ルーデンドルフ〉（一八六五～一九三七）　ドイツの軍人、政治家。第一次大戦勃発後、リエージュの奇襲で注目を浴びる。ヒンデンブルグの下で第八軍参謀長を務め、東部戦線で戦果を上げ、大戦末期は実質上の参謀総長であった。晩年はヒトラーとも共闘した。

第四章

戦前・戦中・戦後
——何が正しく、何が間違っていたか

鉄道王ハリマンの来日時

〈このチャプターに関係するおもな歴史〉

一九〇四年（明治三七年）一二月五日／日本軍「二〇三高地」を占領。翌日より、旅順港内のロシア艦隊を砲撃。ロシア旅順艦隊は壊滅。

一九〇五年（明治三八年）三月一〇日／日本軍、奉天大会戦でロシア軍を破り、整然と敵地奉天に入り占領。

一九〇五年（明治三八年）五月二七日／日本連合艦隊が、日本海海戦でロシア・バルチック艦隊を撃滅。翌二八日早朝、東北方面に退却しようとするロシア艦隊主力と再び砲撃戦が始まったが、わずか一時間ほどで勝敗が決する。

この海戦により、最終的には、バルチック艦隊三八隻のうち、撃沈一九隻、捕獲五隻、司令官以下六一〇〇名を捕虜にするという戦果をあげ、海戦史上まれに見る大勝利となる。

八月一〇日／アメリカのポーツマスにおいて日露講和会議が始まる。日露講和の主役は、両国の全権大使ではなく、アメリカ大統領ルーズベルトであった。日露両国は、「講和勧告に応じなければ、両国に最後通牒を送る」との腹を固めていたルーズベルトに押し切られるかたちで、講和に応じた。日本の首席全権は、小村寿太郎。

この報せを受けた日本国内では、マスコミが一斉に「日露講和反対」の論陣を張り、多くの国民が「講和条約破棄・戦争継続」を求める。その声は、九月五日の日比谷公園における全国大会で頂点に達する。この日、日比谷公園に集まった「講和条約破棄・戦争継続」を求める群衆は、投石や警官隊との乱闘を繰り返しながら、官邸に放火。警官は抜刀し、近衛師団二個中隊も出動。市街戦の様相を呈した。

ルーズベルトは、日露講和条約成立の功によってノーベル平和賞を受賞。

一九〇五年（明治三八年）

一〇月一二日／「講和条約破棄・戦争継続」を求める群衆の暴動のため、戒厳令下にあった東京で、首相の桂太郎が、アメリカの鉄道王エドワード・ハリマンと会談し、満洲における鉄道事業を両国共同経営することを内容とする桂・ハリマン仮条約に調印をした。元老の井上馨《かおる》、財界の渋沢栄一らが賛成をする。
一〇月一六日／桂・ハリマン仮条約調印の四日後、外相小村寿太郎が、「この仮条約は、尊い血を流して手に入れた満洲の権益をハリマンに売り渡すものだ」として、猛烈に反対。元老たちを説き伏せて、二三日、仮条約を破棄させた。

一九〇六年（明治三九年）　一一月二六日／ポーツマス条約（日露講和条約）により日本がロシアから譲渡された利権に基づき、半官半民の南満洲鉄道株式会社（満鉄）が設立される。初代総裁は後藤新平。以降、満鉄は日本の大陸進出の一大拠点となり、満洲事変から太平洋戦争へと激動の波をくぐることになる。

「清貧の思想」が、アメリカを決定的に敵にまわした――渡部

日露戦争後に、アメリカの鉄道王の**ハリマン**が来日しました。用件は、「日露戦争に勝って得た南満洲鉄道を一緒にやろう」ということでした。

これに飛びついたのは、**井上馨**です。井上馨は、伊藤博文とともに幕末期にイギリスに行っていますから、日本の弱いところやヨーロッパの強大なところを嫌になるほど見ていました。

そのヨーロッパの強さの基になっているのが、工業力であり、旺盛な商業活動であるという

ことも見抜いていました。

ですから、なんとしてでも、日本もそれらに対抗するものをつくらなければならないと思っていました。そのため、財閥の育成に熱心で、財閥と結びつきを深めていました。

それに、当時は政治資金規制法もないわけですから、財閥から潤沢な資金提供を受けるということもあったようです。そうしたこともあって、井上馨は、当時の国民から、汚職の固まりのように思われていたようです。

その井上馨が、ハリマンの話を聞いて、ピンときたわけです。

「これはいい話だ。日本が満洲を支配しているといっても、軍事的に支配できているのは満洲の南のほうだけであり、北のほうはロシアの影響が強くて、地続きでモスクワにまでつながっている。だから、いまのうちにアメリカを入れておいたほうがよい」

そう考え、同じ長州閥であった桂首相にハリマン提案を受け入れるように提案をしました。桂首相も、同じく長州閥の伊藤博文も、すぐれた財政家・渋沢栄一も、井上と同じ考えでした。

そうして、桂・ハリマン仮条約が締結されたのですが、これを知った当時の外相**小村寿太郎**が、

「我々は、ポーツマス条約（日露講和条約）において、正式に満洲の権益を手に入れたのですから、そのような必要はありません」

と言って、ぶち壊してしまいました。

小村寿太郎というのは、東大の最初のころの法学部出身です。そして、第一回政府留学生としてハーバード［大学］に留学をして法律を勉強し、帰国して裁判官になった。その後に、抜擢されて外交官になり、「カミソリ小村」とまで言われました。

その小村寿太郎は、当時の裁判官になるくらいですから清貧の人でした。実家は破産状態でこれという資産もありません。そして、肺病になります。つまり、高学歴・清貧・肺病と、この三つが揃うわけです。

他方、井上馨はというと、維新まではたいへんだったでしょうが、維新後は権勢をほしいままにし、財閥との関係も深かった。三井家の家憲に「終身三井家顧問」としての地位を明記されたくらいです。桂太郎のほうも、おこいさんという名のお妾さんで有名であったくらいですから、清貧とは程遠い生活をしていたと言わなければならないでしょう。

この両者、井上馨および桂太郎と小村寿太郎とが、真っ向から議論をすれば、どちらが勝つかは明らかです。小村寿太郎が当然のごとくに議論に勝ち、そのことが日本にとって不幸であったわけです。

小村寿太郎が愛国心の強い立派な人であることは確かです。しかし、そのことと、小村寿太郎の外交方針が、最終的に日本の国益に合致していたか否かは別問題です。そしてこの場合、小村寿太郎の清貧的な発想が、井上馨の汚職的発想に勝つことによって、日本は決定的に、アメリカを敵に回すことになってしまったのです。そしてその先に、大東亜戦争があり、原爆の投下があり、敗戦があったことは、言うまでもありません。

それ以前、日露戦争終結あたりまでは、アメリカは日本に対して、まだ友好的な雰囲気を持っていました。ロシアが出てくるのが怖いということもあって、日本を応援していたようなところもあったわけです。

しかも、アメリカはシナに出たかった。しかしながら、当時のシナは、いいところはすでに白人の先進国が押さえていまして、アメリカが出ていくとなればロシアが失った遼東半島から南満洲までの地域しかなかったわけです。

いくら日本から日露講和の仲介を依頼されたとはいえ、ルーズベルトが、両国にアメリカ軍艦利用の便まで与えて、自国のポーツマスで日露講和会議を開催させたということには、そのような背景があったからなのです。つまり、日本が手に入れた満洲の権益は、アメリカにとって、まさしく垂涎《すいえん》の的だったのです。

ルーズベルトは、ポーツマス講和会議で、さんざん脅かしたり恩を売ったりしておいて、その後にそのポーツマス条約によって発生した権益に基づいて新たに発足する満洲の鉄道事業に関して、ハリマンを派遣して、「一緒にやろうよ」と持ちかけたわけです。

そうしたところ、一度は了解しておきながら、その後に、「満洲は正式な手続きによって、日本が手に入れたものであるわけですから結構です」と、木で鼻を括《くく》ったような返事をされたわけです。アメリカ側からみれば、そのようなことになります。

小村寿太郎の筆法は、まことに正しいものです。正式な正論にちがいありません。しかしながら世の中は、正しければ、ただそれでよいというものでもありません。アメリカ側は、小村の正論を聞いて、「要するにおれたちを入れない気だな」と解釈し、一気に対日姿勢を硬化させたわけです。

アメリカとしては、白人が「シナにはアメリカを入れない」ということであるのならば、それはしかたがないということになります。しかしながら、有色人の日本人が「アメリカを入れない」とはっきりと意思表示をしたということで、とくにアメリカの政治家が、心の底から激怒することになったのです。

〈エドワード・ハリマン〉（一八四八〜一九〇九）二一歳で株式取引所の会員となって投機で資金を蓄え、鉄道会社社長令嬢と結婚。イリノイ・セントラル鉄道の役員に迎えられて辣腕をふるい、ユニオン・パシフィックの経営を建て直し、太平洋岸からニューオリンズに至る広大な鉄道網を築き上げた。

〈井上馨〉（一八三五〜一九一五）幕末期には、木戸孝允《たかよし》、高杉晋作らとともに長州藩倒幕派として活躍。維新後は、外相・農相・内相・蔵相を歴任。財界、とくに三井家との結びつきが強く、有力財界人との懇談の場として有楽会を組織。八〇歳で没するまで明治三元老の一人として政界に君臨した。
〈小村寿太郎〉（一八五五〜一九一一）外務大臣・特命全権大使となり、日英同盟・日露講和及び韓国併合の事に当たる。

満洲を日米合弁会社で経営すればよかった――小室

しかも、そのころのアメリカは、鉄道が基幹産業でした。車がまだなかったので、巨大財閥は必死になって鉄道敷設に力を注ぎました。このころ、「アメリカはイギリスを追い抜いた」と盛んに言われるようになったのですが、それは鉄道が先行し、そのおかげで工業力が飛躍的に伸びた結果です。

また、アメリカ政府も、補助金を出したり、土地を払い下げるなどして、鉄道会社をよく応援しました。当時、アメリカ政府が鉄道会社に払い下げた土地は、英国の面積よりも大きかったほどです。そのせいもあって、当時のアメリカ文化全般はさほど程度の高いものではなかったのですが、鉄道に関しては世界一になりました。

ですから、当時のアメリカにとって、鉄道事業というのは国家の威信、国の誇りの源泉のようなものであったわけです。しかも、英国よりも広い土地を政府から払い下げられたということからも分かりますように、鉄道事業に関しては、汚職という概念も飛び散るほどの官民癒着状態であったわけです。そうしたことから、アメリカの鉄道会社を袖にするということは、アメリカ合衆国を袖にすることに等しいといった感じがあったわけですが、そこのところが日本にはよく分からなかった。

アメリカの鉄道王ハリマンは民間の企業家で、維新の元老井上馨は官の人ではあるわけですが、当時の時代背景、二人を取り巻く官民の様子を参考にすると、この二人はとても似たところがあるわけで、話が合わないわけがない。おそらく、二人して大いに盛り上がり、「それでは、総理大臣を紹介しましょう」「よろしく頼む」ということになり、とんとん拍子に仮条約まで進んだ。そうして、「さあ頑張ろう！」というときになって、思わぬ横槍が入って、「やはり結構です」ということになってしまったわけですから、ハリマンとしては、怒り心頭に発すでしょう。

アメリカ政府にしても、世界一を誇る鉄道事業におけるジョイントベンチャーの申し込みを、一度は受けておきながら、その後にあっさりと断わられたわけですから、カチンとくるのも無理はありません。

他方、当時の日本というのは、戦争には滅法強かったのですが、資本主義国としてきわめて重要な要諦の二つが、決定的に欠如していました。それは、資本と技術です。すなわち、当時はちょうどいまの逆で、「軍事大国、経済小国」であったわけです。しかも、それほど経験がないということもあって、経営もさほど上手ではありませんでした。

そうしたことをトータルすると、日本五一%、アメリカ四九%くらいの出資比率で南満洲鉄道株式会社を始めればよかったわけです。そうすれば、日本は、アメリカの優れた技術と資本、それに国際的な安全保障とを、同時に手にすることができたわけです。アメリカと折半するのが嫌だからと、独り占めするようなことをするから、欧米ともに敵に回すことになり、最終的には元も子もなくなったわけです。

日本は、そうすることによって、実地にアメリカを手本にして、もっとずっと「資本主義的なやりかた」を身につけておくべきでしたが。

スマイルズの『西国《さいこく》立志篇』〔サミュエル・スマイルズの『自助論』の翻訳書〕がミリオン・セラーなったことでも分かるように、日本は、禁欲的プロテスタントのエトスは身につけました。資本主義の精神（Der Geist des Kapitalismus）の根本はできたのでしたが。

細目における資本主義国としての日本は、ずっとずっと後進国でした。

アメリカを満洲で実地に見習っていれば、すでに、日本は、ぐっと資本主義国として成熟し、そのとき、高度成長はスタートして経済超大国への道を疾走しはじめていたでしょう。

汚職の思想が長き繁栄のもとになることも――渡部

満洲に関しては、日本が悪いことをしたわけではありません。小村寿太郎が主張したごとくに、国際世論の支持を得、正式な手続きを経て獲得したものであり、当然の権利を行使したままでのことです。しかしながら、汚職の思想を活かしておけば、アメリカと対立することもなく、もっと上手に満洲国の経営にあたることができたということでしょう。

私は、小村寿太郎の個人としての立派さを疑う気持ちは、まったくありません。しかしながら、清貧型の人の言うことよりも、汚職型の人の言うことを聞いたほうが、ときには長き繁栄のもとになることもあるということを、ここで特に指摘しておきたいのです。

一対一〇の割合で日本より勝っていたロシア陸軍――小室

それに、当時の日本が最も恐れていたのは、ロシアの復讐《ふくしゅう》でした。日本は、とにもかくにも日露戦争に勝利することができました。が、勝ったその時点で、もうヘトヘトでした。

ロシアもヘトヘトになっていましたが、国の大きさが違います。そこで、まずはシベリア鉄道を充実させはじめます。もしも、戦争中にシベリア鉄道が複線化していれば、日本は危うかったほどに、シベリア鉄道の複線化は、極東への輸送力の大幅な増強ということで、日本にとって脅威でした。

これに対して、日本もまた、戦力を増強する必要がありました。しかしながら、先立つものがなかった。

日本とロシアの陸軍を比べますと、一対一〇くらいだったでしょう。極東軍に限定しても、一番戦力が接近したときで、一対三くらいだったでしょう。にもかかわらず、「陸軍の国防は大丈夫なのか」という質問が、議会においても、マスコミのなかでも起こらなかった。関東軍としても、実情を把握してはいるものの、自ら、「ロシア軍のほうが圧倒的に優勢で、このままでは勝てそうにない」ということは、口が裂けても言えなかったでしょう。

日露戦争後にも、依然としてロシアの脅威はあった——渡部

「維新後四〇年も経た日露戦争においても、日本は勝った。その後に、日本はどんどん近代化を進めてきているので、ロシアに負けることなど絶対にありえない」、そのように思い込んでいたのか、日本は、大陸に関しては何の心配もしていなかった。ところが、現場の将校は、そうではなかった。満洲におけるソ連軍と日本の実情をよく知っていたわけですから、心配でならなかった。だから、「内地は何をしているんだ」ということで、暴走をしたわけです。

第二次**西園寺公望《きんもち》**内閣のときに、陸軍大臣であった**上原勇作**が、どんなことをしても二個師団を増強すると頑張りました。日露戦争に勝ったからといって、ロシア軍がいなくなったのではなく、北満洲にはいたわけです。その実感が内地にはなく、予算もなかった。そこで、現場と国内とで意識がどんどん離れていった。関東軍としても分かってはいるのだけれど、「危ない」とは言えない。「向こうのほうが強い」などとは、なおさら言えない。

〈西園寺公望〉（一八四九〜一九四〇）　京都の公家徳大寺公純《とくだいじきんいと》の次男。維新の際に軍功を立て、渡仏。ソルボンヌ大学に入り、クレマンソーや中江兆民と交遊。帰国後、政友会総裁・首相となって桂太郎とともに桂園時代をつくる。山県有朋没後、ただ一人の元老として内閣首班の奏薦に当たる。

〈上原勇作〉（一八五六〜一九三三）　陸軍士官学校卒業後、フランスに留学して工兵術を修める。日露戦争に第四軍参謀長として出征。第二次西園寺内閣に陸軍大臣として入閣。二個師団増設を主張して単独辞任し、内閣を倒す。その後、大将、参謀総長にまで進み、皇道派につながる巨大な勢力を育成した。

日本陸軍があまりにも貧弱なので石原莞爾は真っ青になった――小室

二個師団といいますが、これでは足りるわけがない。シベリア鉄道が複線化することによって、二〇~三〇個師団がいつでも送れるという体制が整うわけです。そのときに、二個師団増強されていたからといって、どれほどの役に立つか。

陸軍はこのとき、かなり思い上がっていたわけです。陸軍が極めて貪欲なのは、昭和になってからも同様です。陸軍がリーダーとなって大陸作戦を進めたわけでしょう。このときの平時兵力は、一七個師団、二〇万人ほどです。

同じ時期のソ連軍は二〇〇万人はいたでしょう。シナ軍は弱いといっても、兵隊の数はソ連軍よりも多かった。

当時、「いま侵略などできる状態ではない。国力をこそ充実させねばならない」と言ったのは、**石原莞爾《かんじ》**だけでした。石原莞爾が作戦部長になってみてみると、日本陸軍があまりにも貧弱なので真っ青になった。兵器はひどいし、兵隊は少ない。明治三八年につくられた三八式歩兵銃が、まだ使われていたわけです。

日本で最新の兵器というと、飛行機と軍艦だけで、それ以外の兵器は、日露戦争のころとそれほど変わっていなかった。

〈石原莞爾〉（一八八九〜一九四九）　陸軍中将。陸軍大学教官中にドイツ駐在武官となり、ルーデンドルフとデルブリュックの論争に触発されて、将来の世界戦争が国家総力戦、飛行機を中心とする殲滅戦になることを察知。満洲事変、満洲国創設を推進し、日華事変勃発当時は参謀本部作戦部長。東亜連盟を指導。

むしろ軍縮に向かった日本――渡部

それどころか、**宇垣（一成《かずしげ》）**陸軍大臣のときには、大軍縮が行われるわけです。豊橋、宇都宮、久留米、岡山の四個師団が減らされました。そのかわり、機関銃を入れるなどというような工夫をしたのですが、日本はそもそもが貧乏でしたから、「そんなムダなことができるか」という意識がどこかにあったのではないでしょうか。ダ、ダダダ……と、機関銃を撃つなどということは、鉄砲の弾がもったいない、一発必中こそが尊い。そのような意識が、まだどこかにあったころの軍縮でした。

〈宇垣一成〉（一八六八〜一九五六）　大正〜昭和期の軍人。陸軍大将。清浦奎《けい》吾《ご》、加藤高明、若槻礼次郎の三内閣で陸軍大臣。宇垣軍縮を行う一方、軍近代

化を推進。学校訓練制度などを導入し、軍部による国民統合の道を進めた。三七年、広田内閣総辞職後、組閣の命を受けたが、陸軍内部の反対に遭い断念。

陸海軍大臣の現役武官制導入時

〈このチャプターに関係するおもな歴史〉

一九〇〇年（明治三三年）五月一九日／陸軍省、海軍省の官制が改正され、陸軍および海軍大臣を現役の大将および中将に限ることとなった（陸軍大臣、海軍大臣の現役武官制の制度化が開始される）。

このため、政党内閣が組閣されるに際しても、陸海軍大臣には現役軍人を当てねばならず、軍の意向に反する組閣ができなくなった。

一九一二年（大正元年）一一月二二日／陸軍大臣上原勇作は、朝鮮に二個師団を増設する案を閣議に提出したが、閣議はこれを否決（一一月三〇日）。

同年一二月二日、上原勇作は、大正天皇に直接、「これは国防を無視するもので、自分は閣内にとどまることはできない」と訴え、単独で辞表を提出。後継陸相を得られなかった第二次西園寺内閣は、その三日後の一二月五日に総辞職した。翌六日、元老会議は、西園寺に留任を要請したが、西園寺はこれを拒否。

一二月一七日／桂太郎に、天皇より組閣の勅令が下る。同時に、斉藤実《まこと》海軍大臣が海軍大臣留任を拒否したが、ここにも天皇の勅が下り、留任となる。

一二月一九日／「閥族打破憲政擁護」をスローガンとする第一回憲政擁護大会が、東京の歌舞伎座で開かれ、政界からは、政友会の尾崎行雄、国民党の犬養毅が参加した。

これは、先の上原勇作陸軍大臣の辞職による第二次西園寺内閣の倒壊を、多くの国民が、「陸軍と藩閥の横暴である」と受け止め、憲政擁護の運動が盛り上がったためである。

一二月二一日／第三次桂内閣発足。

一九一三年（大正二年）

二月一一日／空前の憲政擁護運動の盛り上がりにより、民衆の取り巻く議事堂のなかで、桂太郎は総辞職を決意。議会を三日間の停会にしておいて、この日、総辞職（大正政変）。ここに、長州閥と政友会の提携であった桂園時代が終わる。

六月一三日／桂内閣のあとを受け継いだ薩摩海軍閥の山本権兵衛は、この日、陸海軍省の官制を改正。陸海軍大臣・次官の任命資格を現役とする制限を撤廃した。

一九三六年（昭和一一年）五月一八日／二・二六事件で総辞職した岡田啓介内閣のあとを受けて成立した広田弘毅内閣は、まずもって組閣にあたり陸軍の干渉を受け入れた。そしてこの日、軍部大臣現役武官制度を復活させ、翌六月には帝国国防方針の改定により、膨大な陸海軍拡張計画を認めるに至る。

軍部大臣現役武官制度を改正しなければ引き返せた――小室

広田弘毅内閣のときに、軍部大臣現役武官制度の復活が、案外すんなりと通ってしまいました。日本のマスコミや政治家が、立憲政治を守り、憲法を守るのならば、あのときこそ頑張るべきでした。軍部大臣現役武官制度というのは、政府がしっかりとしていて、これを改正しなければ日の目を見なかったはずです。そうすれば、次に宇垣一成内閣が成立していて、シナ事変を中止できたはずですから、なんとか引き返せたはずです。

日本帝国陸軍の場合、軍令機関としての参謀本部が独立し、天皇親率が確立することによって、軍の統帥は内閣から独立していました。軍に対する命令は参謀本部が出すとはいうものの、軍政は陸軍大臣がやります。宇垣首相が陸軍大臣を兼任できれば、政府の方針に対して不穏当なことをしたというようなことがあれば、たとえシナ派遣軍の方面司令官にしても、関東軍司令官でも、みんなクビにしてしまえばよいわけです。最高責任者である司令官がクビになれば、勝手な戦争どころか、戦争そのものができなくなるでしょう。宇垣一成氏は、当時、予備役の陸軍大将でした。陸軍大臣現役制が復活していたので、自分で陸相の兼任はできません。

現役の大・中将で陸相のなり手がなかったので、内閣が作れなかったのでした。

「自由に現地の軍司令官をクビにするなんていうことをすれば、参謀本部がクーデターを起こす」などという意見もあったようですが、これはあり得ないことです。二・二六事件が起きて、みんな度胆を抜かれてしまいましたが、あれは将校といってもまだ若くて下級の青年将校であったからこそできたことなのです。日本の軍人というのは、役人であるわけですから、参謀本部クラスがクーデターを起こすというようなことはあり得ません。

〈広田弘毅〉（一八七八～一九四八）　駐ソ大使、斎藤・岡田両内閣の外相などを歴任し、二・二六事件後に組閣。その後、近衛内閣の外相として「国民政府ヲ対手トセズ」との強硬方針決定に加担。まもなく外交転換のために更迭される。第二次大戦後、A級戦犯として絞首刑。

死刑が当然であったのは広田弘毅ぐらいである――渡部

広田弘毅は、エリート外務官僚ではありましたが、政治家としてみると、重要な局面でつねに政治的判断を誤り、ただただ陸軍に追随するばかりでした。日本人が敗戦の責任者を裁くとした場合、死刑にしてよかったのは、あの人ぐらいです。あとは軍人ですから、軍人が国の政策にしたがって戦争をしたからといって、死刑にするなど、狂気の沙汰です。

戦後の世論の趨勢は、「広田弘毅は文官なのだから、死刑はひどい」というものでしたが、これはまったく逆です。広田弘毅には、明らかに戦争遂行の責任があります。

だいたい蘆溝橋事件のときに、現地だけで収めえなかったことが、おかしいのです。当時の参謀本部は、事変不拡大の方針で、そのために奔走もして、現地協定を結ぶまでのことをしているのです。にもかかわらず、政府が軍部をおさえられなかったわけですから、近衛文麿首相（第一次近衛内閣）、広田弘毅外相ともに、無能であるというほかありません。これが一つ。

それから、蘆溝橋事件のあと、中立国が猛然たる勢いでシナへ武器や弾薬やパイロットを送りつけました。これは当然ながらやってはいけないことなのですが、そのような行動に出て、シナをたきつけたわけです。これに対して、日本の外相として正式な抗議をし、やめさせなければならなかったわけですが、そのようなことをしてはいません。しかしながら、これは当時の日本としては仕方のないことかもしれません。

ところが、蘆溝橋事件の翌年［一九三八年］の一月に、近衛文麿と一緒になって「国民政府ヲ対手トセズ」との方針を打ち出しました。これはいったい何ですか。これは強硬策といえるような代物ではありません。いま現在の戦争相手を「対手トセズ」と言っているわけですから、全世界から「シナ征服を企んでいる」と思われても仕方ありません。そうして、日華事変を泥沼化させ、さらに欧米をはっきりと敵に回す道を切り開いてしまったわけです。この点に関しては、日本に対して重大な損害を与えたということで、許すことはできません。

国際連盟の決議後、英仏は日本をなだめにかかっていた――小室

それに喧嘩のやり方の違いも悪いように作用しました。日本では、口先だけというのは軽蔑され、行動が尊ばれるわけですから、喧嘩にしても、「手のほうが早い」ということになりがちです。

ところが、シナなどでは、手を出す前に、かなりのところまで言葉でやり合います。そうして、第三者に対して、自己の正当性を強調するわけです。そうしたことが嫌いな日本は、そのためにどれほど不利になったか分かりません。

当時、日本は三大強国の一つでした。その日本に攻めてこれるだけの力があったのは、アメ

リカだけでした。そのアメリカは、国際連盟に入っていませんでした。アメリカ大統領ウィルソンが提唱して実現した国際連盟ではあったのですが、アメリカ自身は、議会が反対し、加盟することができなかったわけです。ですから、国際連盟の理事会で一三対一、総会で四二対一で日本非難を決議されたといっても、これは非難するということが決議されただけのことであって、いかなる制裁も決議されませんでした。日本を侵略国とさえ呼んではいません。

イタリアがエチオピアを攻めたときには、イタリアは「侵略国」と呼ばれ、経済制裁を受けました。もっとも、アメリカとドイツが石油を融通したので、イタリアは勝ちましたが、国際連盟としては、イタリアに対してそれほどまでに断乎とした決議を行っているわけです。それに、一九三九年にソ連がフィンランドに侵攻したときには、ソ連は国際連盟を除名されています。

そうしたことからすれば、日本への非難はきわめて緩やかなものであったわけです。日本においては、戦後になっても、そのようには教えていないようですし、じつはその程度のものであったということに、気がついてもいないようです。実際、日本を軍事的に制裁しようにも、イギリスもフランスも制裁するだけの力はありませんし。唯一その力を持っていると思われたアメリカは国際連盟に加盟していませんでした。ですから、軍事的に制裁はできなかったわけですし、経済的な制裁はしませんでした。

それに、当時の国際連盟というのは、実質的には英仏が中心となっていたわけですが、この両国は揚子江流域に莫大な権益を持っていたのです。しかも、シナに権益を持ってはいるものの、往年ほどの力がなくなってしまっているので、これを守りきる自信がないというのが、その当時の英仏共通の悩みでした。

もしも、です。なにかの拍子に蔣介石軍が全力をあげて楊子江流域の英仏を襲っていれば、英仏はおそらく敗走したことでしょう。ですから、英仏もどこかで日本を頼りにしているといったところがあったわけです。

そうしたなかで、さほど力を持っていない加盟国が、束になって騒いだりしたことはあったようですが、表面的にはともかく、英仏などは日本の機嫌をとって、なだめにかかっていたというのが実際のところでした。揚子江の権益を守ってくれれば、満洲国のことは大目に見るというようなところがあったわけです。

国際連盟を脱退する必要などまるでなかった――渡部

落ち着いて考えれば、満洲国の建国というのは、悪いことではないのです（詳細は『自ら国を潰すのか』徳間書店、平成五年刊）。ですから、ラスト・エンペラー溥儀の家庭教師であった英国人レジナルド・F・ジョンストン卿はロンドン大学教授で、当時、世界一流のシナ学者でもあったのですが、日華事変のときですら、英国の自分の部屋に満洲国が誕生したことを喜んで、その国旗を飾っていました。

満洲事変が始まったころには、ジョンストン卿は故国イギリスに帰り、ロンドン大学で東洋学を教えていたんです。つまり、英米にとってはっきりと敵となった日本による満洲国の誕生を喜ぶ一流のシナ学者もいたわけです。詳しい事情を知る人にとって、それは当たり前のことでした。

また、英仏とも、当時は揚子江の権益とともにシナ貿易でも莫大な利益をあげていました。したがいまして、それはそれで確保しておきたいわけですから、シナに暴動が起こったり、内戦や共産主義革命などが起こっては困るわけです。ですから、日本がシナの秩序維持者になることには必ずしも反対ではありませんでした。

そうした時代の空気というものがあったわけですから、国際連盟にしても、リットン調査団の調査に基づき日本を非難する決議をしますが、ただそれだけのことであったわけです。軍事制裁をはじめとしていかなる制裁案も提出されず、国際連盟を除名せよ、などという声もありませんでした。ですから、そのままじっとしていようと思えば、いられたわけです。にもかかわらず、外交音痴、国際音痴とでもいうのでしょうか、日本は自ら国際連盟を脱退してしまったのです。

日中戦争初期

〈このチャプターに関係するおもな歴史〉

一九三一年（昭和六年）九月一八日／満洲事変勃発。

一九三二年（昭和七年）一月二八日／上海で日・中軍衝突（上海事変）。

二月二〇日／日本軍、上海総攻撃。

三月一日／満洲国建国宣言。

五月五日／上海で日中停戦協定調印。

六月一〇日／蔣介石、掃共作戦に妥協。

一九三七年（昭和一二年）七月七日／蘆溝橋で発砲事件発生。

七月二九日／通州事件勃発。

一一月二〇日／蔣介石、南京から重慶に遷都を宣言。

一二月一三日／南京陥落。

一九三八年（昭和一三年）一〇月二七日／日本軍、武漢三鎮《ぶかんさんちん》占領。
一九四〇年（昭和一五年）八月一九日／ゼロ戦、重慶攻撃。

蔣介石はある程度日本を認めていた――小室

日中戦争の急所は、敵将蔣介石が、この戦争をどのように読んでいたかでしょう。ずばり言いますと、万里の長城の東方起点である**山海関《さんかいかん》**、ここさえ越えなければ、「まあ、我慢しよう」……というのが、本当の腹であったに違いありません。しかし、それを公に言うことはできないので、もちろん「満洲国は絶対に認めない」という立場を崩しはしませんでしたが、そこは阿吽《あうん》の呼吸で、察する必要がありました。

それに、蔣介石の腹を示す言葉としては、「日本は外傷。共産主義は腹背の病」というのもあります。

この言葉からも、日本とは適当に戦い、国内の共産主義とは徹底的に戦うという戦略を読み取ることができます。しかも、その後のシナは、まさしく蔣介石が心配したとおりに推移しました。外傷たる日本については速やかに治癒し、腹背の病たる共産主義が、有史以来最大の規模でいまもシナ全土とその周辺を支配し続けているわけです。

ですから、日本は本当に強いということを充分に知らせさえすれば、あとは上手に蔣介石の顔をたてておけば、何の問題も起きなかったわけです。ところが、近衛内閣はそうした状況にあったにもかかわらず、むしろ対蔣介石強硬策を打ち出します。これはほんとうに愚かなことです。

このとき、日本のマスコミは、何一つ発言していません。日本のマスコミは汚職などのことがあると、不必要なほどまでに騒ぎ立てますが、重大な失政などに関しては何も言わない。これではジャーナリズムとは言えない。実際、日本はこの対蔣介石強硬策を境に、日中全面戦争という泥沼に足を取られてしまったのです。

二つ目のチャンスは、南京が落城したときでした。それまでの日本軍は上海あたりで**クリーク**に引っ掛かって難渋してしまったものだから、シナ軍をはじめ一般市民までもが日本軍をバカにしきっていて、平然と〝侮日〟(日本を侮る)などということが行われていました。

ところが、あれほど早く南京を陥落させることができたわけですから、日本軍の強さというものは、シナ人にも充分に分かったはずです。

このとき日本軍がとった敵の城の城壁をよじ登る戦い方など、古代の戦争においても滅多にないことでした。**ネブカドネザル大王**の兵隊がこれをやったので、エルサレムが陥落したという話が残っているくらいのものです。

この時点で、蔣介石は腰を抜かさんばかりに驚いたわけですから、いくらでも収めようがあったわけです。圧勝したときこそ寛大な条件で講和をしても両方の名目がたつ、というビスマルクの故事にならって、ここで講和すべきでした。ところが、日本軍は圧勝したものだから、得意の絶頂になってしまいました。

〈山海関〉渤海湾岸に位置する中国河北省北東隅の都市。万里の長城の東方起点。明《みん》代、山海衛を置いたことから山海関と称する。東北との境界にあたり古来兵争の地となる。

〈クリーク〉（特に中国の）網の目のように張り巡らされた小さな川。短い支流。細流。

〈ネブカドネザル大王〉（前六〇五～五六二）　新バビロニア（カルデア）王の、ネブカドネザル二世を指す。シリアに数度の遠征軍を送り、前五八六年、エルサレムを破壊。多数のユダヤ人を捕囚として連れ去った（バビロン捕囚）。

英米ソが蔣介石を、日本が汪兆銘を応援——渡部

その時点では、まだ事変であったわけですから、どのようにでも収めることができました。シナが正式に日本に宣戦布告をしたのは、対米戦争たる太平洋戦争が始まったあとですから。

ただし、英米ソあげて蔣介石を応援したので、日本は汪兆銘をたてて対抗しました。当時、蔣介石と汪兆銘は対等もしくは、汪兆銘のほうが少し上といった感じでした。

汪兆銘の南京政府と日本は講和を結んだ——小室

孫文がもう少し長く生きていれば、汪兆銘にその地位を譲ったといわれていたほどでしたが、蔣介石のほうが強かったので立場が逆転してしまったわけです。ところが、その蔣介石が、日本軍に対しては百戦百敗であったので、ついに汪兆銘は、「そのようなことばかりしていると、国内に共産主義革命が起こって元も子もなくなってしまう。日本軍とは講和し、共産党を征伐しよう」

と、申し入れるのですが、蔣介石はこれを受け入れなかった。

そこで仕方なく、汪兆銘は重慶を脱出し、南京に新しい政府をつくったので、日本は喜んでこの汪兆銘の新南京政府と講和を結びました。

「国民を苦しめてはならない」と汪兆銘は警告していた——渡部

汪兆銘の新南京政府に馳せ参じた人たちには、蔣介石方式ではいけないという共通認識があったわけです。「日本人と戦っても仕方がない。実際に日本軍がいた満洲など、それ以前とは比べようもないくらいに、よくなっている。日本とは上手に講和をして、お引き取り願ったほうがいいんだ」と思っていたわけです。しかも、日本と新南京政府とが講和を結んだのちも、蔣介石は日本との戦いを止めませんでした。日本とは、それこそ、ご指摘の通り百戦百敗であったわけですが、英米ソから無限に援助がくるわけですから、いくらでも戦うことができたわけです。

そのこともあって、汪兆銘は、「もう戦いをやめなさい。国民を苦しめるだけではないですか」と、蔣介石に警告を発していたわけです。ですから、日本が太平洋戦争に突入しさえしなければ、シナは汪兆銘の政府で充分に安定していたはずなんです。汪兆銘は、蔣介石よりも格が上ぐらいの人なのですから。

南京政府との講和後、さっと引き上げればよかった——小室

汪兆銘の新南京政府と講和を結ぶまではよかったのですが、その後の日本のやり方はよくなかったです。もともと領土的野心はなかったわけですから、あの時点でさっと引き上げてもよかった。もしくは、戦争だけは継続し、政治はすべて汪兆銘に任せればよかった。それをしないものだから、汪兆銘の新南京政府は、日本の傀儡《かいらい》政権であるとの印象を与えてしまうことになった。そうして、絶好のチャンス、退け際としての好機を失してしまったわけです。

それに、当時のシナが望んでいたのは、**租界**の返還でした。汪兆銘の政権ができた途端に、日本はシナにあった租界を全部返還しました。

また北支事変で認められた軍隊の駐留以外は、蔣介石が抵抗しているあいだは暫定的な兵力にしておいて、蔣介石と講和が成立すればただちに引き上げる、ということになっていました。

それに、無賠償、無割譲などということも決められていたわけです。

しかも、当時の情勢としては、正式に表明こそしなかったものの（立場上それは当たり前ですが）、「満洲国の成立は仕方がない」というのは、汪兆銘と蔣介石の共通の認識だったでしょう。

〈租界〉シナの開港都市において、外国人がその居留地区の警察・行政を管理する組織およびその地域。一八四五年にイギリスが上海に創設したのがその始まりであり、一時は八カ国二八カ所にもおよんだ。この租界のすべては、第二次大戦中に実質的に消滅した。

その深いお気持ちゆえに、昭和天皇は最後まで「謝罪」されなかった——渡部

満洲は、もともと満洲人の土地であり、そこに満洲族の正式なるエンペラーが満洲国を建国

したわけですから、このことについてはどこにも問題はありません。溥儀《ふぎ》は当然のことをしたまでです。

その満洲族がひどい目に遭って、ほとんど民族ごと根絶やしになりつつある現在のほうが、よほど異常で、非人道的な状態であるわけです。これはチベットについても言えることです。

中華人民共和国は、チベット人の土地から、その国家元首にあたるダライ・ラマをはじめとして、多くのチベット人を実質的に追い払い、その地をも自国の一部としているわけです。

昭和天皇が、最後の最後までそう簡単に「謝罪」されなかったのは、自分の味方をし、日本の味方をし、そのことによってひどい目に遭われた人が、あまりにもたくさんおられたからではないのでしょうか。汪兆銘とその一党もそうですし、インドの**チャンドラ・ボース**などもそうです。

そうした人たちがたくさんおられて、まだ元気に活躍しておられるにもかかわらず、昭和天皇が「謝罪」をされるなどというようなことがあれば、立つ瀬がないでしょう。その点が大きかったのではないでしょうか。また、昭和天皇というおかたは、そのような気持ちをお持ちの天皇であったと思います。

日本の天皇はそのような態度をおとりになったのですが、シナの蔣介石は、戦後に政権を取ると、汪兆銘一派をすべて銃殺にしてしまいました。それがシナ式なのですね。それもあってか、日本にいる華僑系の人は、わりあいに汪兆銘を支持している人が多いのです。かつてテレビの討論会で、汪兆銘を擁護する発言をしたところ、意外にも拍手が多くてびっくりしたことがありました。あとで分かったことですが、このときスタジオに華僑系の若い人がたくさん来ていたんです。

それに、いま歴史を振り返ると、シナにとっては、汪兆銘のほうが正しかったことは明らかです。そのことが、日本などに来てよく勉強をしている若い人のあいだでは、しだいに分かりはじめてきているのではないでしょうか。

現実に戦争に突入していて、共産主義の脅威、内乱の恐れがあったわけですから、「いつまでも日本と戦争をしていてはいけない」という汪兆銘は、愛国者であったのです。それにひきかえ蔣介石は、百戦百敗ながらも米英ソに助けられて、「どこまでも戦う」と言っていたのですから、シナのためにはなっていません。自派のため、自分の勢力拡大のために、抗日だとか反日というスローガンを用いて戦っていたわけです。冷静に状況を分析するならば、シナは日本と泥沼戦争をやっているような場合ではなかったのです。

〈チャンドラ・ボース〉（一八九七〜一九四五）　インド・ベンガル出身の民族主義者。英国ケンブリッジ大学卒業後、マハトマ・ガンジーの非暴力的抵抗運動に参加する。大東亜戦争においては、「インド国民軍」を率いて、インドにおけるイギリス勢力の打破をめざして、日本軍とともに戦う。その記念碑はシンガポールにあったのだが、イギリスが戦後、破壊した。それが最近になって（一九九五年七月）、再建された。

ゼロ戦の出撃がもっと早ければ

〈このチャプターに関係するおもな歴史〉

一九三九年（昭和一四年）四月一日／零式艦上戦闘機（ゼロ戦）第一号機初飛行。設計を担当したのは、三菱重工業の堀越二郎技師。機体の軽量化を徹底し、ほぼ同時期のアメリカ海軍の艦上戦闘機グラマンＦ４Ｆと比べると、自重が四割も軽く、速度はさほど変わらなかったが、上昇力、旋回力で大きく差をつけていて、航続力は二倍近くに達していた。

緒戦に活躍したゼロ戦二一型は、九四〇馬力のエンジンをつけ、全幅一二・〇メートル、全長九・一メートル、自重一・七トン、総重量二・四トン、最大速度五一八キロ／時。航続距離二二二〇キロであった。

一九四〇年（昭和一五年）夏／シナ戦線に出動。

一九四一年（昭和一六年）一二月／大東亜戦争開戦時には、海軍の主力艦上戦闘機となっていた。

シナ事変の初期にゼロ戦が出動していれば——渡部

もしも、シナ事変の初期にゼロ戦のような戦闘機が出動し得ていれば、もっと早くに終わっていたでしょう。ゼロ戦がシナ戦線に登場するやいなや、ソ連やアメリカの航空機を一掃しています。

「重慶上空敵影を見ず」より四年間、天下無敵であったゼロ戦——小室

そのときの報告が、「重慶上空敵影を見ず」です。重慶上空に、敵機が一機もなくなり、完全に制空権を握ったわけです。このときこそ、もっともっと、空から攻撃をし、さらに大東亜戦争に備えるべきでした。とにかくゼロ戦は、その後四年間も天下無敵であったわけですから、いくらでも攻撃することができたわけです。

日本はその後にも、川崎航空機が紫電改《しでんかい》という優れた局地戦闘機をつくっています。烈風《れっぷう》という飛行機もつくっていたのですが、これはついに大東亜戦争には間に合いませんでした。その他に四発の大型陸上攻撃機をつくろうとしていたのですが、これも戦争には間に合いませんでした。

戦争のぎりぎりのところでも、陸軍は国の利益よりも陸軍の利益を優先させていた――渡部

戦闘機で勝ちさえすれば、戦争には勝つということが分かっていて、アメリカと戦える戦闘機はゼロ戦しかないことが分かっていたにもかかわらず、日本はまったく愚かなことをしています。というのも、昭和一八年末に一九年度の資材の分配があったわけですが、このとき陸軍と海軍とが、資材を折半にしているのです。

昭和一八年末というと、もうすでにイタリアは降伏していて、神宮外苑で出陣学徒の大壮行会が行われていたころです。すでにアッツ島が再占領され、アリューシャン列島のアスカ島の守備隊五〇〇〇人が、制海権、制空権を奪われて完全に孤立してしまった。そのアスカ島の守備隊五〇〇〇人の完全撤退に、日本軍は成功しています。濃霧の発生を待ってキスカ湾に入った収容艦に、わずか五〇分間に五〇〇〇人の隊員が乗船を果たし、完全撤退に成功したわけです。そうとは知らないアメリカ軍は、その後に一〇六回の爆撃と一五回の艦砲射撃を行い、カナダ軍とともに上陸したところ、兵舎と犬一匹が残っているだけでした。「日本軍は、命を粗末にするために特攻などを行った」というようなことが言われていますが、このような胸のすくような撤退劇もあったわけです。しかしながら、これはやはり、この時期にアリューシャン

列島付近の制海権、制空権を完全に失っていたということを如実に物語る撤退劇であり、日本は、このころすでに、ぎりぎりの状態にあったわけです。にもかかわらず、「いま必要なのは、飛行機である。資材をすべて海軍に回せ」と言える人がいなかったのです。

陸軍と海軍の縄張り争いはしかたないとして、その縄張り争いのうえに立って判断をする人がいなかったことは、いかにも悲しいことです。首相の東条英機にしても、陸軍にあっては陸軍大将・参謀総長としての地位が確立していましたが、海軍の作戦は参謀本部とは別組織の軍令部で行っていたわけですから、東条さんが海軍に命令することはできません。首相とは、参謀本部、軍令部の上にあり、これらを超えたものであるという地位が、はっきりと与えられていなければならなかったわけです。

最近も、「郵政省の省益よりも国益を重視する」といった趣旨の発言をする郵政大臣が出て、かえってお役所の縦割り行政を評した「省益あって国益なし」という言葉がクローズアップされましたが、これは昔からのことです。国の利益よりも陸軍の利益を優先するというようなことを、戦争のぎりぎりのところでもやっていたわけです。

東条英機首相は、陸軍大将・参謀総長でありながら、陸軍を抑えきれなかった――小室

このとき、総理大臣が陸軍大将であったのは、「陸軍大将であればこそ、陸軍を犠牲にし、国の利益を優先させうるだろう」との判断もあったのではないでしょうか。陸軍大将が総理大臣であればこそ、シナからも上手に撤兵できるのではないか。そのような読みで推挙されていたはずなのですが、これがうまくいかなかった。

国内でも海外でも、「東条英機には戦争を引き起こしたという責任がある」というようなことになっていますが、あの時期に首相になれば、誰がやっても、丸く収めることなどできるわけがありません。ビスマルクやカブールクラスの大天才でも、できたかどうか。東条さんの最大の責任は、戦争を引き起こしたということにあるのではなく、陸軍が多くの血を流して進攻したシナから、陸軍を上手に説得して撤兵させえなかったことにあります。敗戦間近の資材配分において、東条さんが首相としての指導力を発揮できず、陸軍を抑えきれなかったのは、その延長線上の出来事でしょう。

ノモンハン事件

〈このチャプターに関係するおもな歴史〉

一九三九年（昭和一四年）五月一一日／満洲国とモンゴル（外蒙古）の国境ノモンハン付近で、ハルハ河を越えた外蒙軍と満洲国軍が衝突。第二三師団長小松原道太郎中将が、部隊を出動させて一時外蒙軍を撃退したが、外蒙軍にソ連軍が加わっての猛反撃にあう。報告を受けた関東軍司令部は、ソ連軍撃破の強攻策を決定。

七月二日／航空部隊による後方基地爆撃に続いて、第二三師団が攻撃を開始。ソ連軍の火力と戦中の反撃にあって苦戦。日ソ戦争に発展することを恐れた大本営は、不拡大方針を決定。政府も平和的解決の方針で臨む。

七月二三日／大本営と政府の方針を無視し、関東軍は攻勢をやめず、失敗したのちもなお兵力の増強をはかり、第三次攻勢を準備する。

八月二〇日／ソ連軍が、狙撃・戦車両師団の大兵力を集中した総攻撃を開始。第二三師団は壊滅的な打撃を受ける。
九月一日／ヨーロッパで第二次世界大戦が勃発。
大本営は攻撃の中止と兵力の後退を厳命。モスクワにおける和平交渉妥結を急ぐ。
九月一五日／停戦協定に調印。参加部隊のなかに、責任を取って自決する部隊長が相次いだ。

相手が完全に力を失うのを待ってから攻めるロシア方式――小室

ロシアは、敵の大軍を国内に引き込んで勝つというのが、伝統的なやり方です。ナポレオンやヒトラーが、ロシア国内に引きずり込まれて敗れたのは、あまりにも有名です。ところが、そのロシアも国境付近で戦うと必ず負けています。ナポレオンにも惨敗し、クリミア戦争でも負けています。

ロシアのもう一つの特徴的な戦法は、相手が本当に力をなくすまで待ってから攻めるというものです。大東亜戦争の一番最後で、ソ連は満洲に侵攻してきました［一九四五年］。これは関東軍がフィリピンで壊滅したあとであり、原爆が落とされ、都会という都会はB二九の攻撃によって焦土と化し、工業も米潜水艦の攻撃によりストップしているころでした。そのようになって、やっとソ連は攻めてきたわけです。

しかもこのとき、ソ連軍はヨーロッパ戦線から極東へと大軍を移動させています。そのようなことをしなくても、極東にはすでにソ連軍が配置されていたわけですから、満身創痍《まんしんそうい》の日本に対しては、それで充分であったわけです。にもかかわらず、この年の五月に実質的に独ソ戦が終了するや否や、ヨーロッパ戦線から大軍を移し、ソ満国境に集結させ終わるのを待って、一挙に攻めてきたわけです。ソ連邦と名前が変わっても、その戦争のやり方は、旧来のロシアそのものであったわけです。

そのロシアと、日本は第二次世界大戦直前に戦いました。いわゆるノモンハン事件と呼ばれている戦いがそれですが、これはロシア旧来の戦い方ではないんです。敵の大軍を国内奥深く引き込むということをやっていませんし、相手が完全に力を失うのを待つということもしていません。むしろ、負けパターンである国境付近の戦いといったパターンです。しかしながら、この戦いで日本は惨敗した。と、そのように報道され、多くの日本人がつい最近までそのように信じていました。ところが、ソ連邦が解体［一九九一年］することによって、そのあたりの資料が出てきて、それによるとじつはそうではなかったということらしいのです。

ノモンハン一帯でソ連の戦車が炎々と燃え続ける――渡部

ノモンハン事件では、じつはソ連側も壊滅的な打撃を受けていたようです。当時、日本軍には**機械化部隊**がなく、それがソ連の機械化部隊と戦った。だから、勝てるはずがないとの思い込みがありました。しかも、当時のソ連の機械化部隊は、世界最強であったドイツ参謀本部に鍛えられた部隊であったわけです。第一次世界大戦後には、ドイツ参謀本部はソ連で訓練をしていたわけですから、当時のソ連の機械化部隊は、世界最強といってよかったでしょう。ですから、なおさら日本軍は勝てるはずがないとの判断がはたらき、ノモンハンで日本軍惨敗という報道を疑わなかったわけです。

ところが私たちは、ノモンハン一帯で炎々と戦車が燃え続けている写真を見ています。このとき燃えていたのはソ連の戦車であったわけですから、当然ソ連も壊滅的な打撃を受けていたということです。

〈機械化部隊〉　機械化された歩兵部隊のこと。装甲車、自走砲などを大量に装備し、機動力を高めている。ソ連では、歩兵を狙撃兵といい、機械化師団は自動車化狙撃師団と呼ばれていた。これと戦車師団とが協同すると強力な破壊力を持つ。

第七師団には襲いかからなかったソ連軍——小室

このときのソ連軍は、最も有能であると言われていた指揮官ジューコフに率いられた最強兵団でした。それに対して日本側は、師団長のなかでも最も無能であるといわれていた小松原中将率いる最低兵団でした。ですから、第二三師団の次に控えていた第七師団は、手ぐすねをひいて待ち構えていたのです。ところが、そこがジューコフの偉いところで、第二三師団に壊滅的な打撃を与えるとそこでとどまり、次の第七師団には襲いかかりませんでした。

〈ジューコフ〉(一八九六～一九七四) ソ連の軍人。元帥。一兵卒から下士官になり、赤軍で国内を転戦。三九年、ノモンハン戦で第一軍団長。キエフ軍管区司令官などを経て、四二年、最高司令官スターリンを補佐して参謀総長に就任。スターリングラード戦、ベルリン攻撃などの総司令官ともなった。

ノモンハン事件の状況がよく分かっていれば、日独伊三国同盟は結ばなかったに違いない――渡部

それをみた日本軍は、ヨーロッパ情勢の変化によって、ソ連軍はそれ以上には攻めてこなかったと判断したのですが、最近の資料によると、ソ連側も自慢の機械化部隊が壊滅的な打撃を受けて、もうそれ以上攻めることができなかったということです。

相手の状況というものは、当事者にはなかなか分からないものです。最近、別なことでも資料を読んでいて驚いたのですが、**小西行長**《ゆきなが》が京城に迫ったとき、王と王妃を守る者は、わずか一〇〇人足らずだったそうです。しかも、そうしたなかで、「王や王妃はもはやこれまで」と、民衆が宮中に入り込み、字の書いてあるものをすべて燃やしはじめた。字の書いてあるものによって、自分たちは苦しめられていると思って、そのような行動をとったということです。

ですから、小西行長が京城に入城したときには、京城は炎上していました。しかも、このときには、王と王妃を守る者はなお減っていて、四〇名ほどだったそうです。ですからこのとき、小西行長とともに**加藤清正**がいれば、すぐに王と王妃を捕まえていたことでしょう。明軍の介入を待たず、朝鮮の役はそれで終わりでした。

ノモンハン事件のときにも、相手の状況がもう少し正確に分かっていれば、日独伊三国同盟

を結ばなかったかもしれません。日独伊三国同盟を結んだのは、日本の一個師団がソ連の国境部隊に潰されたのがショックであったからです。他方、ドイツをみると、対ソ戦で破竹の勢いです。日本の一個師団がやられてしまうようなソ連に対して、あれほどに戦えるドイツは、どれほど強いか分からない。そのような尊敬もあって、三国同盟へと進んでいくわけです。

〈小西行長〉（?～一六〇〇）安土桃山時代の大名。堺の豪商の子に生まれ、後に豊臣秀吉に仕官。八八年、肥後半国を治める宇土城主となる。文禄の役では加藤清正と共に先陣を務め、釜山城などを攻撃。和平交渉で秀吉の不興を買う。後に石田三成らと共に徳川家康を除くべく挙兵するが、関ヶ原の戦に破れ、六条河原にて刑死。キリシタン大名としても知られる。

〈加藤清正〉（一五六二～一六一一）安土桃山・江戸初期の武将。豊臣秀吉に仕え、因幡、備中、山崎の合戦等に参戦。賤ヶ岳《しずがたけ》の七本槍に数えられる。肥後半国を治め熊本城主となり、文禄の役に参戦、朝鮮の二王子を捕らえる功をあげた。秀吉の死後、石田三成らと対立。関ヶ原では徳川方につき、その功として肥後一国の大名となる。

ノモンハン事件においては、日本航空隊は圧勝していた――小室

ジューコフも、日本軍の下級将校と兵隊の強さには、ほんとうに驚いています。戦車のうしろに飛び乗られて、天蓋をこじあけられ手榴弾を投げ込まれるなど、考えもしなかった戦法でした。しかも、ソ連の戦車は、ガソリンをかけられただけで炎上するという弱点まで発見されてしまった。

しかも、空にあっては、日本の航空隊は圧勝していたのです。ところがこのとき、日本軍にはまだ総合戦という考え方がありませんでした。ですから、完全に制空権を獲得しておきながら、空から戦車をがんがん爆撃するとか、砲兵陣地を機銃掃射により一掃するなどという作戦を立てなかったのです。

地上軍を空から撃つなど、軍人としてできない――渡部

これは、いまは亡き山本七平さん〔評論家〕から聞いたのですが、当時の戦闘機乗りは非常にプライドが高くて、「地上軍を機銃掃射することなどできない」と言っていたそうです。

輸送船など相手にしない――小室

まったく、そのような意識形態が、日本を敗戦に導いたともいえます。第一次ソロモン海戦のときも、敵の艦隊を全滅させておきながら、日本艦隊は、「輸送船など相手にしない」といって、さっさと引き上げてしまった。

あのとき、敵の艦隊は全滅したわけですから、続いて輸送船に襲いかかっていれば、ガダルカナルで日本は勝ちました。にもかかわらず、武士であり続けたことにより、日本を敗戦に導いたということはありますね。

中央の責任を現場に押しつける陸軍の悪い体質が、すでに見えはじめていた――渡部

他方、アメリカが恐れていたのは、兵員の損害でした。船の損失など、どうってことはなかったのです。それに、まことに残念なことは、日本軍はこのときの敗戦の責任をすべて現場に押しつけたことです。連隊長に対して、命令した位置よりも少し下がっていた、などということが厳しく取り沙汰され、敗北の真の原因を探ろうとはしませんでした。

そうして、切腹させられたりした軍人もいたのですが、これは遺族が可哀相でした。立派に

戦って戦死をしたのならば、二階級特進ということになるのですが、中央が愚かであったそのことを隠すために、立派に戦った将校の名誉までをも奪ったのです。敗戦というかたちで戦争が終わったので、組織の欠陥などがオーバーに伝えられるということはあると思いますが、ノモンハン事件で、すでにそのような帝国陸軍の悪い体質が見えはじめているわけです。

ノモンハン事件の真相が分かるにつけ、あそこで玉砕した人は、本当によく戦ってくれたと思います。ソ連で最も優秀な指揮官に率いられたソ連最強の機械化兵団と戦って、ほとんど壊滅といったところまで打撃を与えることができたわけですから、本当によく戦ってくれたわけです。にもかかわらず、敗北の責任をなすりつけられ、一言の弁解も残さずに切腹していった部隊長など、本当に気の毒なことでした。

ハル・ノート

〈このチャプターに関係するおもな歴史〉

一九四一年（昭和一六年）四月一六日／アメリカ国務長官ハルが、駐米大使野村吉三郎に対し、「従来の民間ルートによる交渉を基に政府間交渉を開始する」と提議。日米交渉が開始される。

このときのハル提案原則は、次の四点であった。

① 日シ協定により、日本軍の中国撤退

② シナは満洲国を承認

③ 蔣介石、汪兆銘勢力の合流

④ 非併合、非賠償を条件に、アメリカ大統領が斡旋に立つ

七月二五日／日本軍の南部仏印（サイゴン）進駐に対し、アメリカは警告どおり、在米日本資産を凍結。その直後にイギリスも在英日本資産を凍結。

日英、日印、日緬（ビルマ）各通商条約を破棄。蘭印も日本資産を凍結。日蘭石油民間協定を停止。ここにＡＢＣＤ包囲網が完成する。

一〇月一四日／近衛首相と東条陸相が対立。近衛は東条を自邸に招き、陸軍のシナ撤兵に譲歩を求めるが、日米交渉は成立しないと読んでいた東条は拒否。この四日後に、近衛内閣が総辞職し、東条英機内閣が成立する。東条は現役陸軍中将として首相・内相・陸相を兼任。

対米交渉の最終案が「甲乙」二案にまとまり、同時に近衛内閣時の「帝国国策遂行要領」を白紙還元し、第二次「帝国国策遂行要領」が策定され、御前会議で採択される（一一月五日）。

一一月二六日／アメリカ国務長官ハルが、野村駐米大使に「ハル・ノート」を提示。

その内容は、次のようなものであった。

① シナおよびフランス領インドシナからの日本軍および警察の全面撤退

② 日独伊三国同盟死文化

③ 重慶にある国民政府以外のシナ政府の否認

この要求は、それまでの日本政府の諸提案を完全に無視したものであり、東条内閣と軍部は、これを実質的な「最後通牒」と判断。

一一月二七日／日本政府は、大本営政府連絡会議で、「ハル・ノート」を「到底承服できない」とし、交渉打ち切りを決める。

一二月八日／マレー半島に敵前上陸開始（日本時間午前二時）。ハワイ真珠湾を攻撃（同午前三時）。野村・栗栖《くるす》［三郎］両大使がアメリカに最後通牒を手交（同午前四時過ぎ）。

「ハル・ノート」には、いつまでにという規定がなかった――小室

「ハル・ノート」は非常に有名ですが、じつは日本の学者も評論家も「ハル・ノート」をよく読んではいないのです。「ハル・ノート」が要求していることは、たいへんなことです。当時、あれだけシナで日本がコミットメントしていたのに、そのシナから、陸海軍から警察に至るまで、すべて引き上げろというのですから、これは「無条件降伏」を勧告しているようなものです。

ところが、です。この「ハル・ノート」には、デッドラインの規定がありません。つまり、いつまでに、ということが書かれていないのです。ということは、「受諾しましょう」と言っ

ておきさえすれば、それでよかったわけです。だから、要求にはまったく従わない。アメリカがしびれをきらして、「受諾した内容を、いつ実行するのか」と問い合わせてくれれば、「まあ、そのうちに」とでも言っておけばよいわけです。なぜならば、アメリカだって、まさか日本が受諾するとは思ってはいません。ですから、いつまでに、という規定を書かなかったので、その点を逆手に取ればよかったのです。

開戦直前における駐米日本大使館はダレきっていた——渡部

そもそも、野村大使の英語が、ハルに通じていたかどうかがあやしいわけですから、とてもそこまで落ち着いて「ハル・ノート」を検討したりはしなかったのでしょう。

この「ハル・ノート」をつきつけられたのが、一九四一年（昭和一六年）一一月二六日。翌日には、日本政府は、交渉打ち切りを決め、その一一日後の一二月八日の日本時間午前三時過ぎに、ハワイの真珠湾を攻撃しています。

そのような実に大切なときに、アメリカの日本大使館は非常にダレていました。

最後通牒が遅れたのは日本大使館の責任——小室

本来なら、日本政府の手によって、最後通牒を八五分間遅らせた人を銃殺にすべきでした。

日本政府は、キチンと所定の手続きを踏んで、攻撃をする以前に最後通牒を発しているにもかかわらず、駐米大使館の不手際によって、八五分間手渡すのが遅れ、そのために後々まで汚名を着ることになったわけです。

これは、基本的な業務に関する国の命運を左右する重大な過失でした。銃殺にしてしかるべきです。しかしながら、ミスを犯した人にはなんのお咎めもなく、その後の出世も早かった。恐るべきことに、それが今も昔も変わらない日本の官僚機構なのです。

国に多大な損害を与えた人を許してはいけない――渡部

日本では、少し汚職をしたくらいのことであっても、マスコミなどヒステリックともいえるような対応をします。汚職はもちろんよくないことであり、取り締まることは必要でしょう。ですが、所詮、国内でのカネの動きであり、国家全体に取ってみれば、たいしたことではないのです。にもかかわらず、この点に関してのみ、執拗に叩き続ける。

他方、政治的な判断を誤った人や、その業務を遂行したことにより、ないしは遂行しなかったこと、遅れたことにより、国に多大な損害を与えた人については、お咎めなしという事例が多すぎます。

マスコミにしても、小学生でも分かる程度の倫理、つまり汚職については、鬼の首をとったかのごとくに、決して許さないというような立場と態度で臨みます。しかしながら、政治的な判断の誤りを批判するとなると、それなりの世界観や歴史観、哲学や正確な状況分析が必要とされるので、あまりやりたがらない。つまりは、程度が低いということです。

また、その業務を遂行したりしなかったり、遅れたことにより、エリート官僚が国に多大な損害を与えたとしても、周りが隠しとおします。マスコミもさほど積極的には、追及しません。これは、「エリートを傷つけてはならない」というコンセンサスが成立しているからでしょう。戦後に〈政・官・財の鉄の三角形〉が出来上がる素地は、そうしたところにも顔を覗かせているわけで、このようなことを許していたのでは、本当に強い国になれません。豊かさを保つことはできません。

ミッドウェー海戦

〈このチャプターに関係するおもな歴史〉

一九四二年（昭和一七年）六月五日早朝／南雲〔忠一〕中将率いる機動部隊が、もぬけのからとなっていたミッドウェー島のアメリカ軍飛行場を空爆。

第二次攻撃のために、海戦用の魚雷を下ろし、空爆用の爆弾に積み替えているところを、アメリカ第一七機動部隊に発見される。

六月五日八時過ぎ／日本側もアメリカ機動部隊を発見。海戦に備えて、空爆用の爆弾を外し、魚雷への積み替えを急いだ。

六月五日一〇時二〇分／南雲中将が攻撃指令を発令。第一戦闘機が、旗艦「赤城」の甲板を滑り出した。と、同時に、ドーントレス爆撃機が急降下し、突っ込んでくる。

甲板に並ぶ爆薬とガソリンをたっぷりと積んだ飛行機が、格好の攻撃目標となり、次々と爆発、炎上。「赤城」につづいて「加賀」「蒼龍」も被爆。唯一残った「飛龍」も、夜になって爆破される。

六月六日午前二時／連合艦隊司令長官山本五十六は、作戦の中止を命令。連合艦隊が四隻の空母を失ったのに対し、アメリカ側の損失は「ヨークタウン」のみであった。

この海戦により、日本は太平洋の制海権、制空権を奪われ、戦局は決定的に不利となる。しかし、日本の新聞は連日「戦果」を報道する。

六月一八日／アメリカで原爆製造計画（マンハッタン計画）が、正式にスタート。

芸者に「今度はミッドウェーですってね」と言われるくらいの油断――渡部

日本軍のおごりたかぶりでいうと、ミッドウェー海戦も、相当なものです。ハワイ・マレー沖海戦において、長いあいだ先生であったアングロ・サクソンに勝ったりしたものだから、「なんだ、実際にはこんなに弱かったのか」と思ってしまった。それは、仕方のないことであったのかもしれません。

また、アジアにおける白人の植民地の人々が、そのように思うことはとてもよいことです。

「白人には絶対に勝てない」などと思い込むことによって、それまでの支配を受け入れ、人種差別を受け入れてきたわけですから。

日本の軍隊が、白人コンプレックスを一掃して士気を高めることは必要であったでしょうし、植民地の人たちも、白人に対して毅然とした態度を取る必要があったでしょう。しかしながら、日本の司令部がそのように思ってはいけない。この点を猛省しなければなりません。

ミッドウェーのときなど、日本軍が絶対に優勢で、はるかに強かったにもかかわらず負けてしまいました。これはもう、油断以外の何ものでもありません。油断をし、相手をなめきっていた。軍港町の芸者たちが、「兵隊さん。今度はミッドウェーですってね」と言っていたというのですから、もう論外です。防諜も何もあったものではありません。

それに、作戦そのものもじつに中途半端です。「主力戦艦は、すでにハワイで沈んでいるのだから、勝負にはならない」などということで、日本の戦艦は途中まで行くのですが、引き返しているのです。

決死の覚悟で、戦艦を先頭にたてていれば勝てた――小室

アメリカの戦艦がほぼ全滅しているわけですから、こちらも半分くらい沈んでもいいくらいの覚悟で、戦艦を先頭に立て、ミッドウェー島を砲撃して、米機動部隊を誘い出していれば、

勝てたでしょう。急降下爆撃では、戦艦は絶対に沈まないわけですから。

また、米雷撃機は未熟でしたから、日本の機動部隊は、ゆうゆうと、ずっと後方にいて、米空母、「ヨークタウン」「エンタープライズ」「ホーネット」の艦載機が必死になって日本戦艦を攻撃しているところに、右の三隻の米空母に襲いかかっていれば必ず全滅させられました。

ハワイを日本の不沈空母にすることもできたかも――渡部

あのとき、ミッドウェー海戦に勝っていれば、その勢いでハワイに行っても良かったわけです。そうして、ハワイに堅固な陣地を構えるに至っていれば、万全の態勢でした。ハワイからアメリカ本土までには海しかないわけですから、ハワイはまさしく日本にとっての不沈空母であって、いくらアメリカといえども攻めようがなかった。

にもかかわらず、戦艦に兵隊さんを乗せて、あろうことかチモール島［インドネシアの東端にある島］などに持っていった。これはいったい、何になったというのですか。まあ、終わってしまった戦争のことをいくら言ってもしかたがないわけですが。

インパール作戦

〈このチャプターに関係するおもな歴史〉

一九四四年（昭和一九年） **一月七日**／アメリカ＋シナ軍、イギリス＋インド軍は、蔣介石を援助するためにインドからシナへの七〇〇マイルにもおよぶ大輸送路を建設しようとしていた。日本軍大本営は、部内の反対を押し切り、この大輸送路のインド側の起点にあたるインパールを攻略目標とするインパール作戦を認可した。インパールは、ビルマからインド領に入ったアッサムの首都であった。

三月八日／作戦開始。三方面から進軍を開始直後、イギリス・インド連合軍であるウィンゲート兵団が、九〇〇〇名の空挺部隊を東南に空輸し、第一五師団の後方を遮断した。

第一五師団の司令官は、牟《む》田《た》口《ぐち》廉《れん》也《や》中将であった。牟田口は、シナ事変の口火となった蘆溝橋事件のときの現地連隊長である。このため、牟田口には、日中戦争は自分が始めたとの強い自負があり、周囲もそれを認めていた。

第五飛行旅団の田副《たぞえ》師団長は、第一五師団の後方遮断という事態に驚き、作戦中止を進言したが受け入れられず、作戦は既定方針通りに展開。緒戦においては目ざましい戦果をあげ、第三一師団はインパール後方のコヒマを占領、第一五師団はインパールの北一〇キロメートルに進出、第三三師団はインパールの南口に達する。

インパールの包囲には、イギリスからの独立のために日本とともに戦うチャンドラ・ボース率いるインド国民軍も参加。しかし、制空権がないため、三〇〇〇メートル級のアラカン山系を越えて進撃し、補給を断たれた日本軍は、回りを戦車で囲むという完全な防陣態勢が敷かれた敵に容易に近づけないまま、食糧と弾薬が底をつく。折悪しく、例年より早く雨季に入る。

五月一〇日／牟田口司令官から河辺司令官に、「第一五師団の山内師団長、第三三師団の柳田師団長の解任」が上申され、河辺司令官はこれを認可する。

コヒマを占領していた第三一師団の佐藤師団長が、牟田口の命令に抗してコヒマを放棄して後退を始める。このため、佐藤師団長は解任され、軍法会議にかけられる。かくして、インパール作戦遂行中に、全師団長が解任されるという異常事態となる。

七月八日／ついに退却命令発令。日本軍は、豪雨と病と飢え、それに敵軍の退路遮断作戦のなかで、悲惨な退却を開始。少しでも退却を容易にするために、戦車や武器の放棄を要請する参謀もあったが、牟田口司令官は、「すべて放棄を許さず」と返電指示。

連合軍は、日本軍を追ってビルマ領になだれ込み、インドからシナにかけての大輸送路を完成した。

インパール作戦開始から敗戦まで、ビルマに投入された日本軍地上部隊の総数は三〇万三〇〇〇名。うち生還した者は、一一万八〇〇〇名。

ソ連の五個師団に対して、日本は一個師団で互角に戦う――小室

戦力の優劣を無視し、できるだけ軽装備で急進撃をはかり、敵地を占領して自活補給するというのが、インパール作戦でした。このような大胆にして無謀な作戦が認可されたのは、張家《ちょうか》

口《こう》での勝利があったからでしょう。張家口での戦いのときには、ソ連の五個師団に対して、日本は一個師団でした。しかしながら、ほぼ互角に戦うことができたので、関東軍が妙に自信をつけたわけです［終戦時のソ連対日参戦のことか?］。

最後まで兵隊の勇敢さに甘えた日本――渡部

関東軍が自信を持つのはよいことですが、上に立った人は、「一個師団で五個師団と戦う」というようなことにならないように、配慮をしなければならないわけです。ところが、そのような気遣いはまったくなく、最後の最後まで兵隊の勇敢さに甘えたところがありますね。

それはまるで、社長がボーッとしていて、社員だけが一所懸命に働いているかのようでした。

「奇跡によって勝つ」という気迫が、上層部になかった――小室

インパール作戦は、まさしくその典型でした。インパール作戦というのは、尋常に考えればとうてい勝てない作戦です。にもかかわらず、あえてこれを敢行しようというのだったら、「奇跡によって必ず勝つ」という凄まじいまでの気迫と志気がなければなりません。

にもかかわらず、上層部にはその気迫と志気がなかった。つまり、非常に矛盾した行動をとったわけです。

命令に背いて退却した第三一師団——渡部

兵站《へいたん》の悪い、補給の途切れた戦場であっても、指揮官さえよければ、まあまあなんとかなった。というのは、宮崎兵団を見れば分かる。ところが、そのほかは普通の指揮官であったわけですから、すべて瓦解してしまいました。

第三一師団の佐藤師団長など、補給がなければ自滅するだけとみて、命令に背いて、軍法会議を覚悟で退却しました。

玉砕するだけの覚悟でやっていれば、助かったかもしれない——小室

いや、あれは退却をしたから、かえって壊滅したわけであり、玉砕するだけの覚悟でやっていれば、案外助かっていたかもしれません。というのも、戦争は相手あってのことであり、雨季に入っていて、自然条件もきわめて過酷で士気が低下していたのは、イギリス軍、インド軍も同様でした。ですから、そのようななかで玉砕する気で頑張れば、案外なんとかなったかもしれません。

その意味では、牟田口中将の言う、「英印軍は後ろに回られると降参する」というのもあながち間違ってはいないわけで、強引に後ろに回り込み、もはや作戦のたてようのない敵軍陣地

内戦闘にまで持ち込んでいれば、勝機を摑めたかもしれません。

ノモンハン事件当時より成長していなかった日本——渡部

英印軍は、最初のころは牟田口中将の言うとおりでした。ところが、だんだん利口になってきて、インパール作戦のころは、周りにぐるりと戦車を配置するようになったわけです。そうしますと、後ろに回られても、さほどの脅威はないわけです。

他方、日本のほうは、ノモンハン事件のときの知識以上のものはなく、情報的に成長していなかったので、そのころもまだ、戦車などというものは、火炎ビンを投げれば燃えるものだと思い込んでいたフシがあります。

当時最高の工業国が造っていた英軍の戦車——小室

英軍の戦車というのは、要目《ようもく》ではロシアの戦車よりずっと弱いのですが、当時の最高の工業国が造ったものですから、ロシアの戦車とは違って、火炎ビンで焼けるというような弱点はありませんでした。日本は、緒戦においては向かうところ敵なしともいえる破竹の勢いで進撃していますが、イギリス軍の機械化部隊だけには負けています。この点をもっともっと反省していれば、インパール作戦も、もう少しなんとかなっていたかもしれません。

ポツダム宣言受諾の真相

無条件降伏を勧告したものではないポツダム宣言──小室

日本はポツダム宣言を受諾しました。これは、確かです。

しかしながら、無条件降伏をしたかのように思われている点は、正さなければなりません。

日本は、無条件降伏をしたわけではありません。ポツダム宣言自体、無条件降伏を勧告しているものではないからです。

ポツダム宣言は、一三項からなり、「我等ノ条件ハ左ノ如シ」と、戦争終結の条件として、次のようなものがあげられています。

① 軍国主義の除去
② 日本国領土の占領
③ カイロ宣言の条項の履行、および本州、北海道、九州、四国、および連合国が決定する

小島への日本国の主権の制限

④　日本国軍隊の完全な武装解除

⑤　戦争犯罪人に対する厳重な処罰、ならびに民主主義の確立

⑥　賠償の実施と平和産業の確保

そして、最後に、これらの目的が達成され、日本国民の自由に表明された意思によって平和的な傾向をもった政府が樹立された場合には、占領軍はただちに撤収するということまで、記されているわけです。

宣言を受諾するということ自体が証拠――渡部

それに、ポツダム宣言を受諾するということ自体が無条件降伏でない何よりの証拠でした。

日本がアメリカに無条件降伏をしたのは戦後である――小室

そのとおりです。さらに日本は、「天皇の統治権に関しては、いかなる宣言も付さない」とするように、最後まで交渉をしていました。トルーマン大統領（当時）は、この点については呑もうとしたらしいのですが、さまざまな条件が重なって、最後にアメリカは、「天皇の地位は自由に表明された日本国民の意思に基づく」と回答をしています。

日本がアメリカに無条件降伏をしたのは、むしろ戦後です。戦後になりますと、なんでもアメリカのほうがよいということになり、もうほとんど無条件降伏といってよいでしょう。

そうしたなかで、いろいろとよく事情を知っている人が口を噤《つぐ》んでしまったわけですから、ますますもって歪んだ歴史観がはびこることになった。しかも、本来ならば、そうした誤りに対して修正を加えたり、異なった見方や意見を紹介してカウンターバランス的な機能を果たすべき言論界、マスコミなどが、むしろその傾向を先導し、助長したきらいがある。

教育界なども、そうした傾向に純粋に追随したといってよいでしょう。そうして、戦後においてはあらゆる分野に、正しいことを伝えようとする人材がいなくなり、事実そのものがアメリカ軍の占領政策や左翼イデオロギーのなかに埋もれてしまうという、まことに異常な事態となりました。これは何故でしょうか。日本人すべてが愚かであったとは思いたくないのですが。

公職追放令、BC級戦犯の裁判、検閲を恐れた戦後の日本――渡部

公職追放令と、BC級戦犯の裁判が、恐かったのではないでしょうか。戦争をしているときは、みんな祖国のために死ぬ気で戦っていました。ところが、戦争が終わって、心機一転、「さあ、これから一所懸命働いて、国土を復興し民族を復興しよう。経済を建て直して早くきちんとした生活ができるようにしなければ」

と思っている矢先に、職場を追放されることが、どれほど辛いことであったか。それならば、「余計なことを言わないで、ただ黙々と一所懸命に働こう。そうして見事に復興を成し遂げたその時に、きちんとしたことを言おう」

という気持ちになるのも、無理はありません。

また、戦争が終わってから、敵国の法廷に連れ出されて裁かれるわけですから、これもじつに嫌なことであったに違いありません。戦争をしているときと敗戦後とでは、時代の空気そのものがまるで違っているわけです。非常事態である戦争中ならば、それほど気にならない行動であっても、敗戦後に改めてその行動のみを取り出して、丹念に吟味すると、かなりひどいと思われる事実が出てくるに決まっているわけです。

それに、言葉や風俗、慣習が異なるわけですから、よほど丹念に調べなければ事実は明らかになりません。ところが、裁くほうは、終戦直後の状況にあって、そのような余裕もなく、かなり荒っぽいやり方をせざるをえなかったわけです。

たとえば、戦争中に捕虜が空腹を訴えたので、ゴボウを分けてやった。そのことが、戦後の軍事裁判においては、「捕虜に木の根を食わせ」虐待したということになったそうです。これなど、ほんの少し英語ができれば、なんとか説明できたことであったに違いありません。しかしながら、当時は、そのようなこともできずに、むざむざ有罪になったわけです。ＢＣ級戦犯には、A級戦犯とはまた違った、そのような大問題がありました。

もう一つは、進駐軍の物凄い検閲でしょう。

日本の戦前、戦中の検閲というのは、わりあいにシンプルなものでした。××や○○でその部分を消して、いわゆる伏せ字にしているわけですから、だいたいどのようなことが書かれてあったのかは分かるわけです。

ところが、進駐軍の検閲というのは、どこをどのように直したかを分からないようにして出させるというものでした。戦前、戦中の日本の検閲ならば、チェックされたところを○や×に差し替えて出版すればよかったわけですが、どこを直したか分からないようにする場合には、刷り直しということになってしまいます。これが新聞社や出版社には一番怖かった。

戦後の紙の足りないときに刷り直しなどということがあってはたいへんですから、進駐軍の気に入るよう細心の注意を払って自主規制を行い、これがしばしば、「不必要なほどまでの自主規制」となり、過剰適応が習い性となってしまったわけです。

第五章

新たなる出発《たびだち》のために

大東亜戦争は日本人研究の宝庫

大東亜戦争の研究こそが急所――小室

ドイツ参謀本部は、第一次世界大戦に負けたとき、この戦争を徹底的に研究しました。**シュリーフェン・プラン**のどこに問題があり、なぜ失敗したかを徹底的に研究したわけです。しかしながら日本では、戦略、戦術面はもちろんのこと、その組織や構造、日本人および日本軍の特性に至るまで、大東亜戦争の研究というものを、ほとんどしていません。あれほどにさまざまな事例がひしめく宝庫のごとき大東亜戦争を、真剣に研究してはいないのです。

ですから、大東亜戦争の研究こそが急所であるということを、ここではっきりと明言しておきたいと思います。

〈アルフレッド・シュリーフェン〉（一八三三～一九一三）ビスマルク退場後のドイツの卓越した参謀総長。モルトケやヴァルダーゼーに目をかけられ、五八歳のときに参謀総長に就任。強力なシュリーフェン・プランを推進した。

ドイツ参謀本部が立てた作戦は、どこも間違ってはいなかった――渡部

第一次世界大戦後に、ドイツがシュリーフェン・プランを徹底的に研究し、引き出した結論というのは、「約四年間の戦争において、ドイツ参謀本部が立てた作戦で、いまから手直しをするところはない。いまやり直すとしても、そのままでよい。ただし、司令官に遺憾な者がいた。シュリーフェン・プランを断固として実施しなかった者がいたのである」というものでした。

主だった海戦を比較すれば、日本人の長所と欠点が非常によく分かる――小室

航空母艦を除きアメリカの太平洋艦隊の主力を全滅させたハワイ真珠湾攻撃(一九四一年一二月)。イギリス東洋艦隊の主力戦艦を沈め、西太平洋の制空権、制海権を握ることに成功したマレー沖海戦(一九四一年一二月)。日米双方が航空機で戦ったサンゴ海海戦(一九四二年五月)。アメリカ空軍の急襲を受けて主力空母を失い、制海権、制空権を奪われて、以後、戦争の主導権をアメリカに奪われることになったミッドウェー海戦(一九四二年六月)。

これらの海戦を比較するだけで、日本人の長所と欠点が非常によく分かります。戦争の研究というのは、やはりとても大切なことなのです。

大学に戦争研究の講座があってもおかしくはない――渡部

大学に講座があって研究すべきだと思います。大東亜戦争という単位があってもいいくらいです。侵略であったかなかったか、よい戦争であったか否か、などということではなく、事実をしっかりと押さえ、テクニカルな面でも研究をすべきでしょう。

将来軍事に結びつきそうな科学的な基礎研究も大切――小室

アメリカのＭＩＴ（マサチューセッツ工科大学）など、工科大学というくらいだから理科系の勉強ばかりをしていると思いきや、戦争学部（デパートメント・オブ・ミリタリィ・アンド・ネイバーサイエンシス）というのがあるのです。この学部を出ると将校になれます。

日本は軍国主義であると言われていますが、日本の大学で軍事学部を持っていた学校など一つもありませんでした。

宇垣《うがき》軍縮ということで、軍縮をしたことがありますが、あのとき駆逐艦一つを減らした予算で軍事学部をつくっていればよかったのです。日本はフランスのマネもしましたが、結局エコ・ポリテクニーク（軍事大学）にあたるものをつくりはしませんでした。

かつてナポレオンは、ここで大砲の研究をさせたわけですが、日本もあのときに、将来あるかも知れないということで電波科学の研究をするなど、基礎研究をしておくことが大切ではなかったでしょうか。

教練の実習は、まったく面白くなかった——渡部

私たち自身、物凄く長い時間、教練の実習をしました。ところが、これがまったく面白くなかった。教練の実習においては、敬礼の仕方だとか、気をつけの定義などを習うわけです。不動の姿勢をとって、「不動の姿勢は教練基本の姿勢にして、内に精神充実し、外厳粛端正ならざるべからず」などというのを、丸暗記させられるわけです。

このようなことが面白いわけはありません。どうして、若い人にもっと戦争の話、戦史の話をしなかったのか不思議でなりません。

教練に感激して軍国少年になった者などいない——小室

若い人は、そのような話を一番面白がりますね。昔は、軍国主義であったので、たいがいの人が軍国少年になったと言われていますが、教練に感激して軍国少年になった者など皆無でし

ょう。私の周りにも一人もいません。山中峯太郎の『敵中横断三百里』［一九三一年刊］や『亜細亜の曙』［一九三二年刊］を読んで、軍国少年になっていったわけでしょう。

都合の悪いことは隠すという日本軍の悪い癖――渡部

あのころに、日露戦争を描いた司馬遼太郎の『坂の上の雲』のような小説があるとよかったと思います。終わった戦争のことをそれ程隠すことはなかったはずなのですが、日露戦争のことなども、なんだか軍事機密のようになっていました。

そして、あのころに**森鷗外**の責任が追及されるべきでした。森鷗外が、脚気《かっけ》は脚気菌によるものだと判断をしていたおかげで、陸軍の兵隊がバタバタと倒れていったからです。その数たるや二〇三高地をめぐる日露戦争最大の激戦で死亡した人数よりも多かったほどです。

もしも、あのとき脚気を撲滅することができていれば、日露戦争最後の大会戦であった奉天大会戦（一九〇五年二月末から三月一〇日）で、ロシア軍を全滅させることができていたでしょう。これは一《いっ》に懸《か》かって森鷗外と東大医学部の責任です。

ドイツに留学した森鷗外は、ベルリン大学で**コッホ**につき、当時流行であった細菌学の洗礼を受けて、脚気もまた脚気菌なる細菌によって引き起こされているはずとの誤った信念を持った。だから、精白米を改めるということをしないで、脚気菌を探すことにやっきになったおかげで、兵隊がバタバタと死んでいった。そのことに、軍もあとで気がつくのですが、秘密にしてしまいました。これは悪い癖です。その直後は、いろいろと差《さ》し障《さわ》りがあるとしても、やはりアメリカのように三〇年もたったら公開して、反省の資料としなければなりません。

〈森鷗外〉（一八六二〜一九二二）　明治〜大正の文豪。石見《いわみ》（現在の島根県）津和野藩の典医の家に生まれ、東大医学部を卒業し、陸軍軍医となりドイツへ留学。帰国後、軍医学校教官、近衛師団軍医部長、第二軍軍医部長などを経て〇七年、軍医総監。その傍ら、外国文学の翻訳、小説の執筆に励み、『舞姫』『高瀬舟』『ヰタ・セクスアリス』など、明治を代表する多くの佳作を生み出した。

〈コッホ〉（一八四三〜一九一〇）　ドイツの医学・細菌学者。八二年に結核菌を発見。この過程で様々な実験方式を確立、細菌学の基礎を築く。九〇年にはツベルクリンを創製。九一年、伝染病研究所初代所長となり、〇五年、ノーベル医学・生理学賞受賞。

なぜ「石見人森林太郎トシテ死セント欲ス」なのか――小室

陸軍軍医総監まで務めあげた森鷗外が、「石見人森林太郎トシテ死セント欲ス」との遺言を残したのは、反軍国主義であったり謙虚であったためではありません。いくらなんでも、そこまで厚顔無恥にはなれなかったということでしょう。

若い人をすくすくと育てるためには――渡部

それと、戦争についての話で大切なポイントは、武者語《むしゃがた》りをするからこそ、その軍隊は強くなるという人間の心の力学です。その武者語りが、「悪いことばかりをした弱い軍隊で……」などということであったならば、その軍隊の士気があがるはずがありません。森鷗外にしても、まずはその業績をたたえ、その作品を深く味わうべきなのです。けれども、それだけで終わってしまったのでは、世界の半分が見えないということです。

子供を育てるときも、物心つくかつかないかのうちに、たとえ事実であったとしても、「お父さんは汚職をして……」などと言うことは、よくありません。そのような否定的なことにポイントを置いて話をしていたのでは、お父さんに対しても、世界そのものに対しても、自分の人生に対しても、肯定的な物の見方や考え方が育ちません。

やはり、最初には、「お前のお父さんは、若いときには一所懸命に勉強をして、社会に出てからは一所懸命に働き、いまの地位を築いたんだよ。お前がいまのように、恵まれた環境のなかで勉強できているのは、お父さんのおかげなんだよ」とお母さんが言ってあげて、育てるべきなんです。そのあと、成人式を終えたあたりで、「じつは、汚職で……」というようなことを言っても、それはよいでしょう。

大東亜戦争への愛憎

西洋を取り込み、西洋の支配を脱する模範を見せた日本――渡部

日本は、小さな島国です。アメリカの大きな州よりも小さな島で、その七割が人が住めない山です。その小さな国土も、重要なところはほとんどアメリカの無差別な空爆で焼かれ、人類にとっての最終兵器である原爆を二つもくらい、多くの非戦闘員が死にました。

世界には多くの国や民族があり、人類はこれまでにじつに多くの戦争をしてきました。しかしながら、無差別大量殺戮兵器たる原爆をくらった国は、有史以来、日本だけです。日本が一番最初に原爆を落とされた国であり、おそらくこれが最後となるでしょう。もしも、もう一度、人類が原爆を使用すれば、それは人類の最後になるだろうからです。

その日本が、わずか半世紀足らずで、一人あたりのＧＮＰ（国民総生産）でアメリカを超し、アメリカの独走分野であった自動車産業においても、総生産台数で追い抜くようなことをした

わけです。このことが、どれほど多くのアジアの国々を勇気づけたことでしょう。

日本が敗戦後に驚異的な経済復興を成し遂げるまで、普通サイズの国は、もうアメリカには決して追いつけないと諦めていました。アメリカは、資源の豊富な大きな大陸国であり、第一次世界大戦中には国内産業がフル回転をし、続く第二次世界大戦においても、連合国の盟主として立派に戦い、またしても勝利を収めました。

このとき、ヨーロッパの主要先進国はすべて焼け野原といった状態で、アメリカだけが金持ちでした。ですから、戦後においては世界のGNPの半分近くを、アメリカ一国が生産するまでになっていました。優秀な人材を好きなだけ集めもしました。そのアメリカを、経済的に、戦後の日本が超えるという驚くべきことを成し遂げたわけです。

このようなことを言いますと、かつては右翼史観のように言われたのですが、アメリカ人のなかでも、そのようなことを言う人が現れました。それは、**ドラッカー**です。ドラッカーは、一九八九年に刊行した『ザ・ニュー・リアリティーズ』(邦題は『新しい現実』)のなかで、日本は、ペリー提督が横浜沖に錨《いかり》を下ろした一八五三年から十数年にわたって遅疑逡巡したのち、一八六七年に至って、「西洋化」後の政治、社会、経済、技術に対する支配権を死守することを担保に、西洋化を受け入れることにしたと、分析をし、次のように述べています。

結局のところ、最後に勝ったのは、日本だった。
日本のとった道、つまり自らの主権のもとに、近代化すなわち西洋化をはかるという道が、結局西洋を打ち負かした。日本は、西洋を取り込むことによって、西洋の支配を免れた。

軍事的には、日本は、第二次世界大戦において、歴史上もっとも決定的な敗北を喫した。自ら植民地大国たらんとする政治的野望は達せられなかった。

しかし、その後の推移では、政治的に敗北したのは、西洋だった。
日本は、西洋をアジアから追い出し、西洋の植民地勢力の権威を失墜させることに成功した。その結果西洋は、アジア、ついでアフリカからの西洋化された非西洋世界に対する支配権を放棄せざるをえなくなった。

これは、まったくそのとおりです。第二次世界大戦後に多くの国が独立をしましたが、それらの国のすべては、植民地にされる以前に戻るということはありませんでした。産業、教育、自然科学などを西洋にあわせ、「西洋を取り込むことによって、西洋の支配を」脱していったわけです。そして、これこそが一八六七年以降、すなわち明治維新からの日本方式であり、日本が模範を示すことによって「西洋の植民地勢力の権威を」またしても「失墜させ」たわけです。

もっと大きな流れでみると、今世紀において勝ったのは日本であるということにもなります。同時多発的に反共産主義的な東欧革命が起こり、レーニンの打ち立てたソ連邦もすでに解体し、シナが市場経済の導入にやっきになっているわけですから、世界の共産主義の寿命が尽きたといってよいでしょう。一六世紀の大航海時代以来四〇〇年におよぶ白人支配、植民地支配体制もかなりの部分が崩壊してきています。

そこで、九三年に出した本のなかで、ドラッカーはさらに、「イデオロギー体系としての共産主義・社会主義、政治権力としてのソ連邦が崩壊したのは、アメリカの軍事力・経済力と、日本の経済発展であるけれども、なかんずく日本の経済発展である。これがなかったならば、世界の自由主義を守ることはできなかった」と述べています。

これもまったくそのとおりでしょう。日本の経済発展をみて、東南アジアが発展したわけです。東欧諸国からみると、東南アジアというのは、それまでは白人の植民地でしかなかったわけですが、その東南アジアの国々が自分たちの国、計画経済によって大きく経済発展を遂げるはずであった自分たち社会主義の国々を超えてしまったということに対する焦りが強くあったわけです。

もっとも、第二次世界大戦後における日本の経済発展がなければ、東西の睨み合いはまだまだ続いていたはずです。

〈ピーター・F・ドラッカー〉（一九〇九～二〇〇五）　オーストリアの首都ウィーンに生まれ、ナチスの圧迫を逃れて渡英。ニューヨーク大学教授を経て、クレアモント大学教授。著書に、『変貌する産業社会』『見えざる革命』『傍観者の時代』などがあり、『断絶の時代』は日本においてベストセラーとなる。

戦争目的の三つを完全に実現している今の日本——小室

そのことについては、**クラウゼヴィッツ**も**孫子**も異口同音にいっています。

戦争の勝ち負けというのは、戦争目的を達したかどうかによって決めるべきであって、野戦での勝ち負けはその手段であって、目的ではないということです。

日本の大東亜戦争の目的は何かというと、これは明らかです。聖戦の大詔にありましたように、第一には国防が危なくなったからです。だからこそ、決然と立って一切の障害を破砕するのほかなきなり、ということで、戦争に突入したわけです。そして、いま、日本の国防はどうでしょうか。完全に安全といってよいでしょう。つまり、大東亜戦争の第一の戦争目的を達成することができたわけです。

第二の戦争目的は、自由貿易体制の確立でした。かつての日本は、ＡＢＣＤ包囲網を敷かれ、経済封鎖を行われることによって、経済がたちいかなくなったので、戦争に踏み切ったわけです。

戦後生まれの人は、湾岸戦争［一九九一年］を思い出してください。アメリカを中心とする西側諸国は、イラクを空爆する前に経済封鎖をしました。そうして、サダム・フセインのイラクは、この経済封鎖によって降伏するか、負けると分かっていても一矢むくいるために軍事行動に出るかの選択を迫られたわけです。逆に言うと、アメリカを中心とする西側は、どちらに転んでも自分たちの陣営に有利なこの二つの選択肢を突きつけ、選ばせるようにしむけたわけです。前門に虎を置き、後門に狼を配置する。ないしは、進むも地獄、退くも地獄という、抜き差しならない状態に追い込んだわけです。

ところが日本は、この公案を見事に解きました。大東亜戦争という代償を支払いはしたものの、日本はいまや**ココム**違反を犯すくらいに全世界と自由に貿易をし、経済的繁栄を謳歌しています。ＡＢＣＤ包囲網はもちろんのこと、第二次世界大戦前の暗く淀んだ世界のブロック経済化傾向を見事に打ち破ることにより、今日の繁栄を謳歌しているわけです。

第三は、アジアの解放です。これは、聖戦の大詔には書かれていなかったことですが、当時としては言わずもがなのことでした。渡部さんが引用されたドラッカーでいうと、「日本は、西洋をアジアから追い出し、西洋の植民地勢力の権威を失墜させることに成功した。その結果西洋は、アジア、ついでアフリカからの西洋化された非西洋世界に対する支配権を放棄せざるを得なくなった」という部分です。

しかも、です。かつて日本が占領していた韓国、台湾、香港、シンガポールこそが、隆々として栄えているわけです。フィリピンなどのように、アメリカに占領された国は、中南米でそうであるように栄えてはいません。フランスやイギリスが植民地としていたアジアの国々も、ちょうどアフリカのヨーロッパ植民地でそうであるように、栄えてはいません。したがって、大東亜戦争の第三の目的も、日本は完遂することができているわけです。

大東亜戦争の目的の三つを完全に実現しているいまの日本は、クラウゼヴィッツや孫子のひそみにならうならば、果たして敗戦国と呼べるのでしょうか。

〈クラウゼヴィッツ〉（一七八〇〜一八三一）プロイセンの軍人にして、当時の一流の軍事学者。主著『戦争論』はエンゲルスやレーニンにも大きな影響を与えた。

〈孫子〉　中国・春秋時代の呉の孫武の著と言われるシナの兵書（後世の偽作との説もある）。クラウゼヴィッツ、ナポレオンも座右の書としたと言われる兵法書の古典的名著。

〈ココム〉　対共産圏輸出統制調整委員会。社会主義諸国に対する輸出を統制する資本主義諸国の委員会。

東亜支配一〇〇年の野望をここに覆す――渡部

大東亜戦争の第三の戦争目的については、民間ではとくに明らかなことでした。戦争が起こったそのときに、「大東亜決戦の歌」というのができまして、さかんにラジオなどで流れたのですが、そこには次のようにありました。

起《た》つやたちまち撃滅の
勝鬨《かちどき》あがる太平洋
東亜侵略一〇〇年の
野望をここに覆《くつがえ》す
いま決戦のとき来《きた》る

〈詞・伊藤豊太〉

イギリスは戦争目的を達せられなかった——小室

第二次世界大戦に参戦したほかの国をみてみましょう。

まずイギリスですが、その戦争目的は、直接的にはポーランドの自由を確保するためでした。ドイツがポーランドに侵入したので、宣戦布告をしたわけです。ところが、そのあとポーランドはソ連邦とドイツとに分割され、さらに第二次世界大戦終結後には長くソ連邦の属国となりました。イギリスの戦争目的は達せられなかったわけです。

イギリスは香港以外のシナの権益を失う——渡部

アジアにおけるイギリスの戦争目的は、シナを日本から解放し、自国の権益を確保することにありました。ところが、これも香港以外は完全に失うことになりました。

フランスも蔣介石も失うばかり——小室

フランスはどうかというと、その植民地はぺしゃんこになるし、本国はドイツに征服され荒廃したわけで、これも少しもよいことはなかった。

シナそのものも、蔣介石にしてみれば、日本の支配下にあったほうがはるかによかった。抗日だとか反日などということで、まごまごしているうちに、毛沢東に根こそぎ取られてしまって、台湾に落ち延びたわけです。

二一世紀は日本を軸とする世紀となる――渡部

二〇世紀の初めには、日本は世界の先端の学問にほぼ追いつきました。戦後には、さらにスピードアップし、もっとも遅れていた工作機械においても、追いつきました。このあと、何が出るかというと、西洋の発達の極限にあるものプラス日本ないしは東洋でしょう。これは、西洋を完全にマスターしなければ出ないものですが、これがいま出はじめているという感触を受けますね。

最近、ＥＭ農法という微生物を使った画期的な農法が、日本で開発されました。また、石油エネルギーの倍くらいのエネルギーを出せるというアルコールを使った内燃機関などの発明が出はじめているようです。そのほかにも、さまざまなものが出はじめていますが、私はここに二一世紀の予兆をみます。

最先端資本主義国に追いつき追い越した日本――小室

戦後のトータル・クォリティ・コントロール〔ＴＱＣ〕というもの自体が、すでに重要な予兆でした。その理論と実務は、当初アメリカ人の**デミング**に教えられたとはいうものの、日本はこれをいち早くマスターしたうえで、本場のアメリカを追い抜きました。

日本が戦前にトータル・クォリティ・コントロールをマスターしていれば、戦争にも勝っていたに違いありません。そうすれば、靖國神社の隣にデミング神社ができていたでしょう。

次に、世界史における日本の位置というものを、共産主義との関係でみてみましょう。

共産主義の目標というものは、最先端資本主義国に追いつき追い越せというものでした。ところが、最強の社会主義国ソ連邦はもとより、シナもこの目標を達成できませんでした。それ以外の社会主義国においてはなおさらのことです。

ところが、この「最先端資本主義国に追いつき追い越せ」という目標を達成した国が、世界に一つだけあったのです。それは、日本です。

完全雇用状態をつくりだし、最低所得を引き上げて、国民各層を平等化する。この目標を達成したのも日本だけです。初期のころの社会主義者や共産主義者のスローガンは、「すべての労働者の家には自動車を、すべての労働者の鍋には肉を」でした。オール中産階級などと悪口を言われながらも、これをやれた国も日本だけではないでしょうか。

マルクスが例示した共産主義の手本は、パリ・コミューンです。これは、特権的な聖職者などをなくしてしまって、共同体のような社会をつくるというものでした。これを見事に成し遂げたのも、日本でした。日本の機能集団はすべて共同体のようになりました。日本はこれらのことを、戦後において、自民党政権下で成し遂げました。ですから、日本共産党や日本社会党は、「よくも人の政策を例外なく盗んだな」と猛烈に激怒しなければならないのですが、そのようなことはありませんでした。

ところが、このことを行った雄弁家が外国にはいるんですね。**ディズレーリ**がそうです。穀物条例がどうしても必要になったとき、ウィリアム・ピットはこれを受け入れたけれども、デイズレーリは猛烈に反対した。このとき、「穀物条例を否定するのであれば、それを唱えていた保守党にやらせるべきだ」と、主張しました。この主張にまいってしまって、無敵と言われていたウィリアム・ピットもついに政権の座から下りることになりました。

日本共産党も、ディズレーリの筆法をまねて、「戦後の自民党の政策はよかったのだが、これはもともと共産党の目標であったので、政権を下りなさい。連立政権などというケチなこともやめなさい。日本共産党に任せなさい」と主張すべきなんです。

〈W・エドワーズ・デミング〉（一九〇〇〜一九九三）アメリカの統計学者。日本の企業が戦後の経済復興にいそしむ一九五〇年代に来日し、品質管理に関する実務や理論を教えた。世界に類を見ない「生産現場が生み出した日本独特の管理技術」TQC（Total Quality Control）は、このデミングのノウハウや理論を、何段階も進めたものである。

〈ディズレーリ〉（一八〇四～一八八一）　一九世紀最大のイギリスの議会政治家。名前の如くユダヤ人（宗教は父の代にキリスト教に改宗）。保守党と大衆を結び付ける改革を推進。一八六七年に伯爵を叙され、ビクトリア女王の信任も厚かった。

対談を終えて

渡部昇一

小室直樹氏はその登場の瞬間からマスコミが「天才現る」と報じた人である。それは決して空疎な評判ではなかったことをわれわれは間もなく『ソビエト帝国の崩壊』（光文社、昭和五五年＝一九八〇年）の出版を以て知ることになる。

世の中は予言や偽予言に満ちている。しかしソ連解体という超重大事件をその一〇年前にこれほど明らかに予言した本は私の知る限りほかにない。少なくとも日本にはないと思う。しかもソ連の解体の原因もそのプロセスも、だいたい小室さんがその一〇年前に予言した通りだったのだ。明察、神の如しというべきか。戦後の日本の社会学者や経済学者は、いな、専門に関係なく極めて多くの学者は、ソ連を信じつつ、あるいはソ連が日本を支配した場合の恐怖を心に抱きつつ、言論の仕事をしてきた。その学問的鋭さにおいて、また勇気において、小室さんと面と向かって自らの言論を恥ずることなく語れるような日本の学者の数は決して多くないはずである。

その小室さんは故山本七平さんと親しかったようである。私が小室さんを直接知るようになったのも、山本さんを含む鼎談《ていだん》だったのではなかったかと思う。その後に出版された小室さんの本を私はおそらく一冊残らず拝見しているつもりである。共に語る時、私がいつも感銘を受けるのは小室さんの法律的発想とその知識である。特に国際法に関することでは目を洗う思いをさせられたことが何度もある。小室さんのような人をlegal mind（法律的思考）の権化と言うのであろう。その意味で小室さんの『新戦争論』（光文社、昭和五六年＝一九八一年）は正に刮目《かつもく》すべき本であった。このぐらいの国際法の常識を多くの日本人が持てば、国際関係における日本人の民度が上がるといったものではないか、と常々思っている。

その小室さんとまた対談する機会が与えられた。われわれの世代は子供の時から、近頃の言葉で言えば、「戦争おたく」である。戦争のことなら古今東西の史実に関心がある。小室さんは『新戦争論』（前出）の著者だし、私も『ドイツ参謀本部』（中公文庫）の著者でもある。そして二人とも昭和に起こった日本の戦争には特に関心がある。そしてわれわれが知っている事実とその解釈は、いわゆる東京裁判史観とは全く異なる。東京裁判の欺瞞はすべての日本人に——できれば外国人にも——知ってもらいたいと思うので、機会さえあればその批判と訂正を繰り返しをいとわず言い続けてきた。今回の対談の大きな収穫の一つは、いわゆる、南京大虐殺についての事実上の問題のみでなく、国際法上の問題をも小室さんに話してもらったことだと思う。また、満洲事変を「侵略戦争」と非難した国が当時一つもなかったこと、また「侵略」の定義についての問題も、是非多くの読者に知っていただきたいと思う。
　この本は徳間書店の岩崎旭氏の企画に負うところが多く、また原稿の整理には同書店の板垣徹氏のお世話になった。ここに感謝の意を表する次第である。

渡部昇一

平成七年七月　黄梅の候

【著者略歴】

小室直樹（こむろ・なおき）

1932年東京都生まれ。京都大学理学部数学科卒。大阪大学大学院経済学研究科中退、東京大学大学院法学政治学研究科修了。

マサチューセッツ工科大学、ミシガン大学、ハーバード大学に留学。

1972年、東京大学から法学博士号を授与される。2010年没。

著書は『ソビエト帝国の崩壊』『韓国の悲劇』『日本人のための経済原論』『日本人のための宗教原論』『国民のための戦争と平和』他多数。

渡部昇一氏との共著に『自ら国を潰すのか』がある。

渡部昇一（わたなべ・しょういち）
1930年山形県生まれ。上智大学大学院修士課程修了後、独ミュンスター大学、英オックスフォード大学に留学。Dr.phil.,Dr.phil.h.c（英語学）。
幅広く深い教養に支えられた文明と歴史についての切れ味するどい論評は、広く高く支持されている。2017年没。
著書は『知的生活の方法』『日本の驕慢・韓国の傲慢』（共著）、『日はまだ昇る』『かくて歴史は始まる』『かくて昭和史は甦る』『これだけは知っておきたいほんとうの昭和史』他多数。

封印の昭和史
戦後日本に仕組まれた「歴史の罠」の終焉

第1刷　2020年6月30日

著　者　小室直樹、渡部昇一
発行者　小宮英行
発行所　株式会社徳間書店
〒141-8202　東京都品川区上大崎3-1-1
目黒セントラルスクエア
電　話　編集（03）5403-4344／販売（049）293-5521
振　替　00140-0-44392
印刷・製本　大日本印刷株式会社

ISBN978-4-19-865107-7